喜楽研のDVDつき授業シリーズ

全授業の
イラストで活動がわかる
DVDからすぐ使える
映像で見せられる
まるごと
授業 生活

[2]

※パソコン専用
DVD付

わかる喜び学ぶ楽しさ
を創造する教育研究所
略称 喜楽研

著者：園部 勝章・平田 庄三郎・倉持 祐二　　イラスト：山口 亜耶

はじめに

　1989年（平成元年）の小学校学習指導要領の改訂で，教科として生活科が新設されてすでに25年が過ぎました。子どもの発達の特性としての「未分化」を大きな理由に，低学年の理科と社会科を廃止してつくられました。ところが，教科として発足した生活科でしたが，小学校低学年の子どもたちにどのような認識を育てていくのかが不明確なままで今日に至っています。認識につながる「気付き」という曖昧なとらえ方をさせていては，3年生の理科や社会科の学習にどうつないでいくのかははっきりとしません。

　その後，1998年（平成10年）の学習指導要領の改訂では，「総合的な学習の時間」が総則に位置づけられました。生活科の基本的な考え方が全ての学年で校種を超えて設定されたのだと歓迎する向きもありましたが，カリキュラム上の基本的な位置づけをめぐっては，教科との違いや関連づけなど多くの課題が指摘され，現在に至っています。

　一方で，生活科の授業をすすめていくうえで，体験的な学習を重視し，子どもたちにどのような認識を育てていくのかを問い直すきっかけになりました。また，興味や関心を高めていく中で，子どもにどのような学習課題を持たせるのかを検討する機会が増えました。だからこそ，社会認識・自然認識につながる，体験を通した「気付き」を重視しながら，生活科の授業づくりをすすめていくことが大切だと思います。

　2008年（平成20年）度版学習指導要領では，生活科改訂のポイントの一つに，「気付きを質的に高める」があります。1998年（平成10年）の改訂時には，「知的な気付きを大切にする」と指摘があり，今回の改訂では「気付きを質的に高めるよう指導する」となりました。質的に高めるとは，いったい何を考えていくことなのでしょうか。

　まず，幼年期，小学校1年，小学校2年の発達課題は何かという問いを前提に，小学校3年以降の発達との関連を見通した把握を，社会認識・自然認識の観点から考えなければなりません。生活科の授業づくりにおいては，教科書に端的に表れているように，子どものくらしや現実の認識とは遊離した，細切れのテーマをこなしていくような展開になっているという問題をどう解決するかも重要です。そのためには，3年以降の総合的な学習の時間の内容とも関連を持たせた，全校的な取り組みの中に生活科のカリキュラムを位置づけることが重要になってくるでしょう。また，子どもたちのくらしの中の事象を取り上げても，価値ある体験と結びつけて展開できるかどうかは，授業実践の全体を見通した明確な「ねらい」があるかどうかに関わってきます。明確な「ねらい」のもとでの指導があってこそ，子どもたちの気付きを高めることができるのだと考えます。

　ここ何年かにわたって，学校現場では，年配の教師たちの大量退職によって，若い教師たちの比重が高くなっています。残念なことに，学校現場が抱える教育的な課題を，世代を越えた協同で乗り越えていく「職場の同僚性」が弱くなっているのも事実です。ますます多忙化している中でも，「子どもたちの目が輝く生活科の授業をしたい！」「子どもたちが楽しくわかる生活科の授業をつくりたい！」と思っておられる先生たちに少しでもヒントになればと思い，本書を出版することにしました。

　今日のような厳しい教育条件の下で，未来を担う子どもたちのために，日々努力しながら教育実践にとりくんでおられる先生方に，心よりのエールを送るとともに，本書を参考に地域や子どもたちの実態にあったオリジナルな生活科の授業をつくりだし，子どもたちに楽しくわかる授業を推し進められることを切に願っています。

執筆者一同

本書で楽しく・わかる授業を！

全ての単元・全ての授業の指導の流れを掲載！

　学習する全単元・全授業の進め方が掲載されています。学級での日々の授業や参観日の授業，研究授業や指導計画作成等の参考にして頂ければと思います。
　準備の時間も必要なので，本書の各単元の授業案の時数は，教科書の配当時数よりすこし少ない時間数にしています。

ＤＶＤで見せる授業ができる

　授業１時間ごとの写真・動画・資料・細密画を付属DVDに収録しました。写真や動画はカラーでよくわかり，児童が喜ぶので是非ご活用下さい。

１時間の展開例を見開き１ページで説明

　どのような発問や指示をすればよいか具体例が掲載されています。先生方の発問や指示の参考にして下さい。
　板書例だけでは，細かい指導の流れがわかりにくいので，詳しく展開例を掲載しておきました。是非本書を参考に，クラスの実態にあわせて展開の仕方を工夫して下さい。

活動をイラストで，わかりやすく掲載

　各時間の活動をイメージしやすいようにイラストで表し，見やすい工夫をしました。また，工作手順についても，わかりやすいようにイラストで掲載しています。

各時間のねらいと授業のポイント

　本書では，各時間のはじめに，その時間で大切にしたいことや，児童に身につけさせたい学習の力等々を，「本時の学習にあたって」にまとめてあります。

目　次

はじめに……………………………………………………2
本書で楽しく・わかる授業を！……………………………3
本書の特徴と使い方…………………………………………6
生活科の教育目標と評価……………………………………8
学習カード，発表などの表現活動について………………10
自然に関わる活動や観察にあたって………………………12
社会に関わる見学学習について……………………………13
付録DVD－ROMについて…………………………………14

春だ今日から2年生
学習にあたって………………………………………………16
指導計画………………………………………………………17
第1時　学校の春を見つけよう（1）………………………18
第2時　学校の春を見つけよう（2）………………………20
第3時　学校の春を見つけよう（3）………………………22
第4時　1年生をむかえよう（1）…………………………24
第5・6時　1年生をむかえよう（2）……………………26
第7・8時　春のまちを歩こう（1）………………………28
第9時　春のまちを歩こう（2）……………………………30
資料……………………………………………………………32

大きくなあれわたしの野さい
学習にあたって………………………………………………34
指導計画………………………………………………………35
第1時　野さいをそだてよう（1）
　　　　〔どんな野さいをつくろうかな〕……………………36
第2時　野さいをそだてよう（2）
　　　　〔学級園に野さいを植えよう〕…………………………38
第3・4時　野さいのせわをしよう（1）
　　　　〔トマト，キュウリ，ナス，トウモロコシの世話のしかた〕……40
第5時　野さいのせわをしよう（2）
　　　　〔サツマイモ，ダイズ，ジャガイモ，カボチャの世話のしかた〕……42
やってみよう　野菜づくりを農家の人に聞いてみよう………44
第6・7時　野さいをしゅうかくしよう……………………46
第8・9時　サツマイモをしゅうかくしよう………………48
やってみよう　とれた野菜でカレーをつくろう……………50
第10・11時　野さいのことをつたえよう
　　　　〔野菜新聞をつくろう〕…………………………………52

野さい図かん（1）〔トマト，キュウリのせわのし方〕………54
野さい図かん（2）〔ナス，トウモロコシのせわのし方〕……56
野さい図かん（3）〔サツマイモ，ダイズのせわのし方〕……58
野さい図かん（4）〔ジャガイモ，カボチャのせわのし方〕…60

わたしのまちたんけん
学習にあたって………………………………………………62
指導計画………………………………………………………63
第1時　お気に入りの場所を教えてあげよう………………64
第2時　まちたんけんの計画をたてよう……………………66
第3・4時　まちたんけんに行こう…………………………68
第5時　まちたんけんで見つけたことを発表しよう………70

生きものなかよし大作せん
学習にあたって………………………………………………72
指導計画………………………………………………………73
第1時　生きものをさがしに行こう（1）…………………74
第2時　生きものをさがしに行こう（2）…………………76
第3時　生きものをつかまえよう（1）……………………78
第4時　生きものをつかまえよう（2）……………………80
第5時　生きものをそだてよう（1）………………………82
第6時　生きものをそだてよう（2）………………………84
第7・8・9時　生きもの広場にしょうたいしよう………86
資料……………………………………………………………88

いろいろなどうぐのつかい方………………………………90

うごくうごくわたしのおもちゃ
学習にあたって………………………………………………92
指導計画………………………………………………………93
第1時　うごくおもちゃをつくろう（1）
　　　　〔ゴムを使ったおもちゃ＝ぱっちんガエル＝〕…………94
第2時　うごくおもちゃをつくろう（2）
　　　　〔ゴムを使ったおもちゃ＝割りばし鉄砲＝〕……………96
第3時　うごくおもちゃをつくろう（3）
　　　　〔ビニル袋を使ったおもちゃ＝かさ袋ロケット＝〕……98
第4時　うごくおもちゃをつくろう（4）
　　　　〔ビニル袋を使ったおもちゃ＝ビニル袋パラシュート＝〕…100

第5時　うごくおもちゃをつくろう（5）
　　　　〔おもりで動くおもちゃ＝坂を転がるおもちゃ＝〕…102
第6時　うごくおもちゃをつくろう（6）
　　　　〔おもりで動くおもちゃ＝おもりでゆれるおもちゃ＝〕…104
第7時　うごくおもちゃをつくろう（7）
　　　　〔風で動くおもちゃ＝風車＝〕…106
第8時　うごくおもちゃをつくろう（8）
　　　　〔風で動くおもちゃ＝風で動く車＝〕…108
第9時　うごくおもちゃをつくろう（9）
　　　　〔いろいろな材料でつくるおもちゃ＝サルの棒のぼり＝〕…110
第10時　うごくおもちゃをつくろう（10）
　　　　〔いろいろな材料でつくるおもちゃ＝ストローグライダー＝〕…112
第1時　おもちゃ図かん（1）
　　　　〔空気を使ったおもちゃをつくろう
　　　　　＝にょろにょろ蛇・空気砲＝〕…114
第2時　おもちゃ図かん（2）
　　　　〔音が出るおもちゃをつくろう
　　　　　＝ストロー笛・動物の鳴き声おもちゃ＝〕…116

図書かんに行こう

学習にあたって…118
指導計画…119
第1時　図書かんへいこう…120
第2時　図書かんで本をかりよう…122
第3時　図書かんで聞いてみよう…124
第4時　図書かんのひみつを知ろう…126
資料…128

まちではたらく人たちに会いに行こう

学習にあたって…130
指導計画…131
第1時　まちではたらく人をしょうかいしよう…132
第2時　まちたんけんの計画を立てよう…134
第3・4時　まちではたらく人に会いに行こう…136
第5時　パン屋の木村さんのしごと…138
第6時　はたらく人に仕事をおしえてもらおう…140
第7・8時　仕事に出かけよう…142
第9時　町ではたらく人の発表会をしよう…144

はらたく人のがんばりを見つけよう

学習にあたって…146
指導計画…147
第1時　はたらく人のがんばりを見つけよう…148
第2時　はたらく人の一まいかみしばいをつくろう…150
第3時　一まいかみしばいをとどけよう…152

ぼく・わたしのものがたり

学習にあたって…154
指導計画…155
第1時　自分の体をしろう（1）
　　　　〔自分のからだのことしっているかな〕…156
第2時　自分の体をしろう（2）
　　　　〔わたしの手〕…158
第3時　ぼく・わたしのはじまり…160
第4時　おなかの中のぼく・わたし…162
第5・6時　ぼく・わたしのたんじょう…164
第7・8時　1〜2さいのころのぼく・わたし…166
第9・10時　3〜4さいのころのぼく・わたし…168
第11・12時　5さいのころのぼく・わたし…170
第13・14時　『ぼく・わたしの　ものがたり』をつくろう…172

参考文献一覧、著者紹介…174
奥付…175

本書の特徴と使い方

◆生活科の授業づくりのために
　小学校低学年の子どもたちにとって，生活科の授業は，学習指導要領，生活科の目標に「…自分と身近な人々，社会及び自然とのかかわりに関心をもち…」とありますように，社会や自然を対象にした学びです。自分とかかわりのある人々とのふれあいや生きもの，モノとのふれあいは，国語で学ぶ語彙力を豊かに，そして，高めるのです。また，算数での数認識をもより確かな認識になっていくのです。そして，3年生以降の社会科や理科の学びを豊かにしていくのです。

◆授業の目標について
　授業での到達目標を示しています。到達目標の達成が，興味・関心や社会観や自然観などの方向目標の達成に関係していきます。
　1時間1時間の到達目標を正しく把握することで授業がよりたしかなものになり，子どもたちが「わかった」と言えるのです。

◆授業過程（授業の展開）について
①1時間の授業の内容を4つの場面に切り分け，イラストで表現しています。イラストを見ると，授業の流れがよくわかります。
②本文中の「　」表示は，教師の発問です。
③本文中の・表示は，教師の発問に対する子どもの反応，予想される動きなどです。
④（　）表示は，教師が留意しておきたいことが書かれています。

◆本時のポイントについて

① 「何のために」「何を」学ぶかを書いています。
「解説」で，子どもたちが見つけたアゲハやモンシロチョウを観察する授業であることを示しています。授業で学ぶ内容が具体的に示されています。

② 「どのように」学ぶかを書いています。
「展開」で授業の流れを示し，イラストでもよくわかるようになっています。

③ 指導上の留意点も書いています。
子どもたちの生活の場で，アゲハやモンシロチョウを見つけた経験から，それらが授業に生かされていくことを示しています。
この授業での学びの発展や広がり，また，危険なことをさける必要などの指導上の留意点を書いています。

◆本時付録DVDについて

（DVDの取り扱いについては，P14，P15に掲載しています。）

授業1時間ごとの写真・動画・資料を付属DVDに載せました。写真や動画はカラーでよくわかり，児童が喜ぶのでぜひご活用ください。

板書の留意点

生きものを さがしに 行こう

アゲハ	モンシロチョウ
はねは よく目だつ ミカンの木の ちかくに いた ひらひらと とんでいた 花にとまって，みつを すっていた	はねが 白い アブラナの 花が さいている ところに いた 2ひきで たのしそうに とんでいた 花が さいている ところに

アゲハの成虫　モンシロチョウ
菜の花とアゲハ　モンシロチョウ

準備物
・アゲハやモンシロチョウを見つけた経験を発表できる準備
・アゲハやモンシロチョウが花の蜜を吸っているところを見つけた経験を話せる準備

◆準備物について

1時間の授業で使用する準備物が書かれています。
作る物の材料については，学校の事情によってそろわない場合も考えられます。授業で行う観察や物づくりについては，汎用性のある物と考えましたが，教科書に掲載されていない物もあります。
数や量は，子どもたちの人数やグループ数などでも異なってきますので，確認して準備してください。

3　モンシロチョウが飛んでいるのを見つけよう。

「モンシロチョウが飛んでいるところを見たことがありますか。」
・翅が白く，すぐ見つけられるよ。
・アブラナの花が咲いているところで見たよ。
・2匹で楽しそうに飛んでいたのも見たよ。

モンシロチョウのオスはメスを見つけると追いかけて交尾を行う。モンシロチョウを観察すると2匹～数匹がかたまって飛んでいるのがよく見かけられるが，これは1匹のメスを複数のオスが追いかけている場合が多い。

4　モンシロチョウが花の蜜を吸っているところを見つけよう。

「モンシロチョウが花に止まっているところを見ましたか。」
・花が咲いているところで，たくさん飛んでいるよ。
・花の蜜を吸おうとしてるんだよ。
・モンシロチョウも細い管を伸ばして，花の蜜を吸っているところを見たことがあるよ。
「花の蜜を食べものにしているのですね。」

生きもの　なかよし　大作せん　75

◆赤のアンダーライン，赤の字について

本時の展開でとくに大切な発問や留意点にアンダーラインを引いています。
大切な言葉，キーワードになる言葉を赤の字にしています。

生活科の教育目標と評価

（1）生活科における目標について

　評価は，目標がなくてはなりません。教育目標をたてるにあたって，子どもの認識面（社会認識・自然認識）の視点から考える必要があります。生活科の中で，低学年児童には，社会認識と自然認識の基礎を育てるための目標がいると考えられます。

　社会認識の基礎として，空間認識，生産と労働の認識，時間認識，平和と人権の意識，世界に目を開く世界認識，社会的諸関係に関する認識を育てます。自然認識の基礎として，一つの生物の生成・発展・消滅の過程をとらえさせ，様々な生物の体の特徴，様々な生きざまの理解や低学年期に固有の科学的思考の発達に向けての援助をあげることができます。もう一つは，自我・社会性の局面での教育目標として，地域の自然的・社会的諸関係に参加していく力を育むことです。具体的には，

＜社会認識の基礎として＞
- 身近な事象を目で見，耳で聞き，足で調べながら，空間的な見方やとらえ方の感覚を育てる。（空間認識）
- 人は生活に必要なものを道具や機械を使って作っていることがわかり，働く人の姿から働くことの意味に気づく。（生産と労働の認識）
- 見学や観察を通して，時系列でものごとが変化していく様子をとらえる目を育てる。（時間認識）
- 昔話や絵本などを使って，人権の感覚や平和の尊さに気づく。（平和と人権の意識）
- 自分が暮らす日本とは違う世界があることに気づき，世界への興味や関心を育てる。（世界認識）
- 学校・家庭・地域の中に見える，「ものともの」「ものと人」「人と人」との関係に気づく。（関係認識）

＜自然認識の基礎として＞
- 自然に働きかける中で，自然の本質的なとらえ方につながる個別的な事実認識を確かなものにする。
- 自然に働きかけ，個別的事実認識を深める中で，自然に働きかける働き方を身につける。
- 自然をつづる中で，個別的事実認識を自覚化したり，自然の持つ論理性を把握したり，子ども達の集団の共有化の方向で自然への働きかけを広げたり，更に自然に働きかける力を身につける。
- 物を作る活動を通して，作ろうとするものを頭に描き，形にあらわし，道具を使い，作り出し，作りかえ，さらに発展させるなかで，頭と結びつけて働く手をきたえる。

（2）生活科における評価について

①学力のとらえ方

　学力の要素として，3つ（知識・技術・態度）があります。知識・技術は学力を計測できる可能性がありますが，態度は不十分なところがあります。生活科は態度重視で，態度主義といえます。態度の目標は，方向目標にならざるを得ませんので，客観性に乏しくなります。

②どのような評価が行われているか

　生活科の評価の3つの観点として(1)生活への関心・意欲・態度，(2)活動や体験についての思考・表現，(3)身近な環境や自分についての気付き，そして，関心・意欲・態度→思考・表現→気付きへの流れの循環の中で，

子どもの変容を捉えて評価することになっています。

③生活科の評価を考える

　低学年の評価については，まだまだ議論の余地があります。客観的な到達度目標を設定して評価していくことは大変むずかしいですが，教科，教科外であれ，固有の教育目標がある限り，評価は存在すると考えています。前記した生活科２つの教育目標＜認識内容面＞と＜自我，社会性の局面＞にそって具体的な目標を立て，評価していく必要があると考えます。例えば，社会認識・自然認識の教育内容の到達度の評価でいえば，過去の教育財産である低学年社会・理科で積み上げられてきた内容を到達目標化し，それを評価していく事も可能です。また，９，１０歳の節目を見通した子どもの人格発達過程（自我，社会性）の評価（評定ではなく）もできると考えています。この点で言えば，自然との関わりの中で，子どもの自我が大きく変化していく，このような変化も教育目標であり，評価の対象にしていけるものではないでしょうか。

④通知表（票・簿）でどのように評価を

　親や子どもに分かり易い通知表（簿）は，到達目標がはっきりしていて，評価基準が明確なものを作っていく必要があります。教えたことがあいまいで，それをどのように評価したのかわからないような通知表（簿）では，正しい子どもの学力を親や子どもに伝えることはできません。そこで，次の点を，留意していきたいと思います。

○学期毎に，学習した物が，わかる項目にする（到達目標を学習した内容別に配列）。
○項目については，３・４年生の社会・理科につなげていく配慮をしたものにする。
○方向目標的なものはできる限り到達目標化する。
○関心・意欲・態度や方向目標的なものについては，所見欄などを生かして書く。
○評定については，１・２年生の発達の特徴からして細かくしない。（２段階が適当と考えられる）　また，到達目標を達成したかどうかがわかる目標準拠評価にする。

次に，２年生の生活科通知表（連絡票）項目の１例をのせておきます。

＜１学期＞
○野菜の栽培をする中で，野菜の生長や世話の仕方に気づき，楽しみながら取り組むことができる。
○自然の中で生き物を見つけ，つかまえ，学校で育てることができる。
○町の自然や町で暮らす人びとと関わり，自分の生活を広げることができる。

＜２学期＞
○身近な材料を使って工夫し，動くおもちゃをつくることができる。
○公共施設で働く人たちは，みんなが気持ちよく利用できるように工夫していることに気づく。
○町で働く人と一緒に仕事をすることで，働く人たちの努力や工夫に気づく。

＜３学期＞
○お家の人たちの支えによって自分が成長したことに気づく。
○３年生からの自分自身の成長への願いをもち，意欲的に生活しようとしている。

学習カード，発表などの表現活動について

　学習指導要領には，「言葉，絵，動作，劇化などの方法により表現し，考えることができるようにする。」と表現に関する目標が設定されています。
表現活動は，活動や体験を振り返り，気付いたことを意識化する役割を持っています。また，表現活動を通して，相手に伝えるための力を向上させることも求められています。
　では，どのような表現活動を展開していけばよいのでしょうか。低学年では，「話をする」「文を書く」といった言語を使った活動を大事にしたいと思います。なぜなら，人間は言語によって知識を身につけ，獲得した言語を使って考えを深めていくからです。

○ 気付いたことは学習カードに記録し，発表させる。

　町で働く人と仕事を一緒にしたあとは，『いっしょに　しごとを　したよ　カード』に，自分がした仕事の絵をかき，仕事をしての感想を書かせます。寿司屋さんで仕事をした子どもは，「わたしはお寿司屋さんで仕事をしました。魚を切りました。小アジを切りました。小アジはお腹から血が出てきました。」と感想を書きました。次の時間には，『いっしょに　しごとを　したよ　カード』を見せながら，町で働く人を紹介し，働く人がどんな仕事をしているかの発表会を開きました。
　発表が終わった後には，子ども同士のやりとりの時間をとります。もっと聞きたいこと，発表を聞いて感じたことや思ったことを交流させるとクラスの仲間づくりになります。

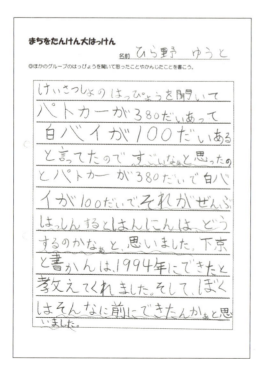

○ **さまざまな表現活動を体験させる場を設ける。**

　すぐにできるのは，実物を使って語る方法です。実物を使って語ることで，話が具体的になり，聞く人の注目を集めることができます。

　また，クイズ形式にして知らせる方法もおもしろいでしょう。クイズにして発表すると，注目させたい点を強調して伝えることができます。

　さらに，作品化を兼ねて，紙芝居などの作品に仕上げて語る方法があります。時間の流れや順序性のあるものを表現する時には，紙芝居などの作品に仕上げると有効です。ストーリー性のある展開が期待できます。
また，画用紙1枚に働く人のがんばりがわかる一枚紙芝居をつくることもできます。町の人に知らせたいと思う働く人のがんばりがわかる場面を選ばせ，大きく絵をかかせます。絵をかいたあとは，色ペンまたは絵の具で色をつけるときれいに仕上がります。絵の周りには，働く人のがんばりがわかるように短いお話をつけさせます。1枚だけの紙芝居なので，強調したい場面を選んで話をつけると，表現したいことを絞ることができます。

　表現活動は，親や地域の人たちに発表する場を設けることで生きてきます。相手に自分の思いを伝える経験を積み重ねることによって，子どもたちは人とかかわる喜びを得ることができるでしょう。

　作品は，クラスの仲間との共通の認識をもとにつくります。個人での体験や観察とは違い，集団での体験や観察を作品化するので，クラスの仲間づくりにもつながります。

○ **発表の準備をしっかりさせよう。**

　発表のやり方を教えることも大切です。たとえば，教室の後ろの友だちまで声が聞こえるように話す，ゆっくり話す，みんなの目を見て話す，足を少し開いてしっかり立つ，実物や作品を持って話すなど，具体的に発表のやり方を教えることで，発表内容も生きてきます。

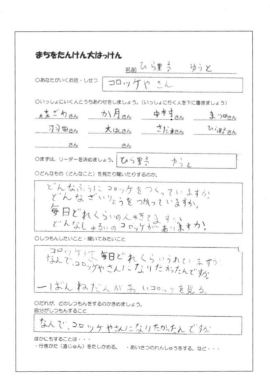

自然に関わる活動や観察にあたって

　2年生になると，1年生と比べて，友だちのつながりが増えてきます。また，時間や空間の認識もより確かなものになってきます。子どもの認識の発達上，「6～7歳の節」と言われ，質的な発達をする時期です。
　国語の授業中でも，カマキリやバッタを食べる場面を見つけたら，みんなに知らせる役目を担った子どもが，「食ったー！」と叫びます。カマキリを観察していることを知っている友だちは一斉にその場に行きます。また，ころころづくりでも，ビー玉をセロハンテープで止めてにこにこしながら担任に転がらないことを見せる子どももいます。転がることを喜ぶだけでなく，転がらない反対の様子をつくり出すことができるのです。
　このような子どもたちが取り組む，生活科での近所の人や働く人とのふれあいやモノづくり，栽培や飼育，季節ごとの生き物さがしなどの取組は，子どもたちにとって必要な経験です。このような経験が，社会認識や自然認識へと発展していくのです。

〇ころころづくりなどのモノづくりをどの子にも成功するようにしましょう。

　2年生の手は器用になってきています。ビー玉や工作用紙でころころ坂を下っていくモノや竹ひごと和紙で凧づくりをしたり，牛乳パック，竹串，ペットボトルでの車づくりなど，モノづくりは手の起用さも育ててくれます。

〇子どもたちが取り組む観察は，どの子にも達成可能にしましょう。

　季節ごとの草花さがしは，学級のみんなと見つける生きものを，2～3種（タンポポやシロツメクサ，オオイヌノフグリなど）くらいに絞ってやることです。虫さがしでも，バッタやカマキリ，テントウムシと絞ってやり，今後数を増やしていくのは子どもたちです。

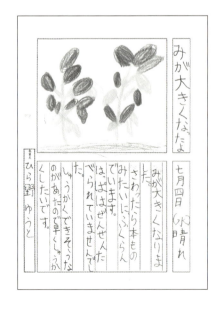

社会に関わる見学学習について

○ 見学の目的と視点を持たせよう。

　町で働く人に会いに行くのに，見学する場所としてパン屋を取り上げました。見学では，何を見るのか，何を聞くのかをつかませるためです。また，見学のやり方，インタビューのやり方などを学ぶことにもなります。

　パン屋を選んだのは，仕事がわかりやすいからです。原料である小麦粉から，道具や機械を使って，食べるためのパンをつくり出していく様子がはっきりとつかめます。しかも，売るために，いろんなパンを少しずつつくっている様子もひと目でとらえることができます。

　見学の前には，知りたいことを考えていきます。「どんなパンをつくっていますか。」「おいしいメロンパンをつくる秘密は何ですか。」「メロンパンのほかにおいしいパンを教えてください。」「1日にいくつパンをつくりますか。」「パンは機械でつくるのですか。」など，子どもたちからたくさんの知りたいことが出てきます。

　知りたいことを出し合うことが，見学の目的になり，何を見てくるのか，聞いてくるのかの視点になります。

○ 見学では，働く人や地域の人の話を聞こう。

　図書館の工夫や図書館で働く人びとの仕事は，子どもたちの力だけでは見つけられないことです。それゆえ，図書館司書の方に話してもらうことが必要になります。できれば，子どもたちの疑問に答えてもらう形での「インタビュー」形式を事前にお願いしておくとよいでしょう。子どもたちが聞きたいこととして，「図書館には何冊の本がありますか。」「本がどこにあるのかがどうしてわかりますか。」「図書館の人はどんな仕事をしていますか。」「1日に何人ぐらいの人が図書館に来ますか。」などが出てきました。

　働く人へのインタビューは，仕事の都合から短時間にならざるをえません。あらかじめ子どもたちがどんなことを聞きたがっているかを，図書館司書の方に伝えておくことが必要です。子どもたちに聞きたいことをどんどん出させるようにしたいので，働く人へのインタビューは教師が進めるとよいでしょう。また，話を聞く子どもの表情を見ながら，働く人の話を子どもたちがわかるように言い換えたり，解説したりする役割を教師がすることも求められます。

　働く人や地域の人に話を聞くと，仕事のコツや技，知恵，仕事に対する喜びや苦労，生き方にまで触れることができます。

付録DVD－ROMについて

◆使用上の注意

このDVD－ROMはパソコン専用となっております。DVDプレイヤーでの再生はできません。DVDプレイヤーで再生した場合，DVDプレイヤー及び，DVD－ROMが破損するおそれがあります。

◆ＤＶＤ－ＲＯＭの内容について

① 　ＤＶＤ－ＲＯＭを開くと，単元ごとのフォルダがあります。
　　【OS：Windows7】

② 　各単元のフォルダの中に，各時のフォルダがあります。
　　各時のフォルダには，★がついているものがあります。★はその時の中に動画が収録されていることを表しており，★の数は動画の本数となります。

③ 各時のフォルダの中にファイルがある場合は,

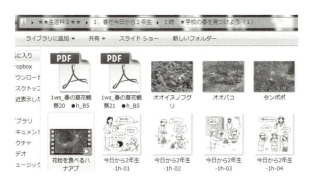

ファイルが入っています。ファイルが無い場合もあります。
ファイルには次の形式があります。
・PDF　・.jpeg　・.avi　・.wmv
※上記ファイルを再生できるアプリケーションが必要となります。
　また参考画像，参考動画，ワークシートは，各時で揃っていないものもあります。

【その他】
このDVD－ROMに収録されている動画には，音声は含まれておりません。
プロジェクターやTVモニターで投影する場合は，各機器および使用しているパソコンの説明書を参照してください。

◆動作環境　Windows
【CPU】　　　Intel®Celeron®M プロセッサ 360J1.40GHz 以上推奨
【空メモリ】　256MB 以上（512MB 以上推奨）
【ディスプレイ】解像度 640×480，256 色以上の表示が可能なこと
【OS】　　　Microsoft windows XP 以上
【ドライブ】　DVD－ROMドライブ

◆動作環境　Macintosh
【CPU】　　　Power PC G4 1.33 GHz 以上推奨
【空メモリ】　256MB 以上（512MB 以上推奨）
【ディスプレイ】解像度 640×480，256 色以上の表示が可能なこと
【OS】　　　MacOS X 10.4.11 (tiger) 以上
【ドライブ】　DVD コンボ
　上記のハードウエア,OS,ソフト名などは，各メーカーの商標，または登録商標です。
※ファイルや画像を開く際に時間がかかる原因の多くは，コンピュータのメモリ不足が考えられます。
　詳しくは，お使いのコンピュータの取扱説明書をご覧ください。

◆複製、転載、再販売について
　本書およびDVD－ROM収録データは著作権法によって守られています。
　個人で使用する以外は無断で複製することは禁じられています。
　第三者に譲渡・販売・頒布(インターネット等を通じた提供も含む)することや、貸与及び再使用することなど、営利目的に使用することはできません。
　ご不明な場合は小社までお問い合わせください。

◆お問い合わせについて
　本書付録DVD－ROM内のプログラムについてのお問い合わせは，メール，FAX でのみ受け付けております。
メール：kirakuken@yahoo.co.jp
FAX：075-213-7706
　電話でのサポートは行っておりませんので何卒ご了承ください。
　アプリケーションソフトの操作方法については各ソフトウェアの販売元にお問い合せください。小社ではお応えいたしかねます。

【発行元】
株式会社喜楽研
（わかる喜び学ぶ楽しさを創造する教育研究所：略称）
〒604-0827 京都市中京区高倉通二条下ル瓦町 543-1
TEL：075-213-7701　FAX：075-213-7706

春だ　今日から　2年生

全授業時数9時間

［学習にあたって］

　学校の春を見つけます。子どもたちは，タンポポやオオバコ，オオイヌノフグリ，チューリップやサクラ，アジサイ，モンシロチョウやナナホシテントウを見つけることができます。

　2年生になりますと，空間認識に広がりも出て，友だちの存在を認識できるようになってきます。そのような質的な発達をより確かなものにするためにも，1年生に体育館や運動場，保健室などを案内する活動は，大切です。

　2年生が，1年生の時に育て，たねを採ることのできたアサガオの一生を記録した新聞とアサガオのたねを1年生にプレゼントします。いわゆる6～7歳の節をのりこえることのできた2年生。時間および空間認識に質的な発達を示します。その成果を示し，成長する2年生が，1年生にアサガオのたねをプレゼントしたり，遊びを教えたりする活動を通して，成長した姿を示すことができます。

　また，通学路での交通ルールを2年生が1年生に教えることで，1年生は安全を意識することができ，2年生は自ら成長を意識することができます。そして，通学路を歩くことで，2年生も1年生も地域の人たちとのつながりも知ることができます。

［単元の目標と評価規準］

【関心・意欲・態度】	学校や通学路での春の自然の変化と自分の生活の変化に関心をもち，意欲的に2年生の活動に取り組もうとしている。
【思考・表現】	学校や通学路での四季の変化と生活の変化を関連させ，友だちと話し合い，表現している。
【気付き】	校内で，タンポポやオオバコ，オオイヌノフグリ，チューリップやサクラ，アジサイ，モンシロチョウやナナホシテントウを見つけることができる。 1年生に学校の中を案内し，1年生の時に育てたアサガオのたねを渡すことができ，遊びを教えることができる。 1年生に，通学路での安全，ルールやマナーなど気をつけることを知らせる。1年生に，地域の人とのかかわりを知らせ，通学路でのタンポポやおたまじゃくし，サクラなどを見つけることができる。

[指導計画] 全9時間

次	時	本時の目標	学習活動
学校の春を見つけよう	1	校内で，タンポポやオオバコ，オオイヌノフグリの花を見つけることができる。	校内に咲いているタンポポ，オオバコ，オオイヌノフグリを見つける。 草笛を吹いてみる。
	2	校内で，チューリップやサクラ，アジサイを見つけることができる。	チューリップの花やサクラの花，アジサイを外で観察する。 チューリップの花やサクラの花，アジサイの様子を観察し，発見したことを発表する。 木のことで見つけたことを発表する。
	3	校内で，モンシロチョウやナナホシテントウを見つけることができる。 春の風を感じることができる。	モンシロチョウ，ナナホシテントウ，アリを見つける。 春の風を感じる。
1年生をむかえよう	4	1年生に学校の中を案内することができる。	1年生を体育館へ案内して，運動したり，全校のみんなが集まったりする場所だということを伝える。 1年生を運動場に案内して，かけっこやボールを使った遊びができることを伝える。 1年生を保健室に案内して，けがをしたら来る場所だということを伝える。
	5・6	1年生にアサガオのたねを渡すことができる。 1年生と休み時間に遊ぶことができる。	1年生に，アサガオのたねをプレゼントする。 1年生に，『アサガオしんぶん』を贈る。 1年生にお手玉の遊び方や遊具を使った遊びを説明し，一緒に遊ぶ。
春のまちを歩こう	7・8	1年生に，通学路での安全，ルールやマナーなど気をつけることを知らせる。 1年生に地域の人とのかかわりを知らせる。	1年生に，通学路では，交通ルールを守ること，危険な場所には近づかないようにすること，広がって歩かないようにすることを伝える。 田んぼや畑のおじさんやおばさんとなかよしになる。
	9	通学路でタンポポやおたまじゃくし，サクラなどを見つけることができる。	通学路で，タンポポやサクラを見つける。 公園で，おたまじゃくし見つける。 公園で，ブランコをする。

第1時 学校の春を見つけよう(1)

本時の目標

校内で，タンポポやオオバコ，オオイヌノフグリの花を見つけることができる。

本時の学習にあたって

解説

タンポポやオオイヌノフグリ，オオバコは，校内で見つけることができます。子どもたちに，花と少しの茎をつけたものを採って来させて，八つ切りぐらいの紙に貼らせていけばいいでしょう。背の低いタンポポやオオイヌノフグリ，オオバコは，人がよく歩くところで見つけることができます。

展開

タンポポやオオイヌノフグリ，オオバコを見つけることを子どもたちに呼びかけます。見つけてきた草花を八つ切りの紙に貼らせましょう。タンポポの葉で草笛ならしに挑戦させてみましょう。

事前指導

タンポポやオオイヌノフグリ，オオバコを見つけることを子どもたちに呼びかけます。見つけてきた草花を八つ切りの紙に貼らせましょう。タンポポの葉で草笛ならしに挑戦させてみましょう。

◇下線部分はたいせつなところです。

1 校内のタンポポを見つけよう。

「学校にはえているタンポポを見つけましょう。」
・校門の近くで見かけたよ。
・背の低いタンポポだったよ。
・花は，黄色できれいだよ。
「紙に貼って，タンポポと書いて，今日の日付も書いておきましょう。」
（八つ切りぐらいの紙に貼っている。）

2 オオバコを見つけよう。

「学校にはえているオオバコを見つけましょう。」
・運動場に出て行く所で見つけたよ。
・背の低い草だったよ。
・葉っぱは，しわしわだったよ。
「紙に貼って，オオバコと書いて，今日の日付も書いておきましょう。」
（八つ切りぐらいの紙に貼っている。）

板書の留意点

がっこうの 春

タンポポ

オオイヌノフグリ

オオバコ

板書例

★花粉を食べるミツバチ
タンポポ

オオイヌノフグリ

準備物
- 八つ切りぐらいの紙　・セロハンテープ
- タンポポ，オオイヌノフグリの花の部分
- オオバコの葉
- タンポポの葉

3　オオイヌノフグリを見つけよう。

「学校にはえているオオイヌノフグリを見つけましょう。」
- 中庭で見かけたよ。
- 背が低かったよ。
- 青色の，かわいい花だったよ。

「紙に貼って，オオイヌノフグリと書いて，今日の日付も書いておきましょう。」
（八つ切りぐらいの紙に貼っている。）

4　草笛を吹いてみよう。

「草笛を吹いてみましょう。タンポポの葉を，口の真ん中で，隙間ができないようにあてましょう。そして，ほっぺの内側に空気が入って膨らまないようにして，口から空気を出しましょう。」
（タンポポの葉で，鳴るかを確かめている。）

第2時 学校の春を見つけよう(2)

本時の目標
校内で,チューリップやサクラ,アジサイを見つけることができる。

本時の学習にあたって

解説
　新学期が始まり,入学式を迎えるころに,学校内のチューリップの花やサクラの花が咲きます。赤や黄色のチューリップの花やサクラの花が,美しいです。サクラの花は花びらが5枚であることを子どもも見つけることができます。アジサイも芽を膨らませてきます。子どもたちは,ユキヤナギやボケの花も見つけることができるでしょう。

展開
　「チューリップやサクラの花を見つけましょう。」と子どもたちに呼びかけ,教室から中庭や運動場に出かけます。チューリップの花やサクラの花,アジサイの様子を観察し,教室にもどります。そして,観察したことについて発表します。

事前指導
　花や木について見つけたことをまとめることで,花や木に関心をもたせます。見つけることのできないときには,事前に教師の方で準備しておいたり図鑑や写真で見られるようにしましょう。

◇下線部分はたいせつなところです。

1 チューリップの花やサクラの花,アジサイを外で観察をしよう。

「チューリップが咲いていましたね。」
　・校門の近くで咲いていたよ。
「サクラの花はどうですか。」
　・たくさん咲いていたよ。
　・家の近くでも咲いているよ。
「これから,みなさんと一緒に,チューリップとサクラ,アジサイの観察に行きましょう。」
（外に出ていく。）

2 チューリップの花やサクラの花,アジサイを観察しよう。

「チューリップの花を見つけましたか。」
　・あったよ。
「サクラの花はどうですか。」
　・いっぱい咲いているよ。
「アジサイはどうですか。」
　・花も葉もないよ。
（教室にもどります。）

板書の留意点

板書例

学校の はるを 見つけよう

チューリップ
- 赤・きいろ

さくら
- いっぱい さいている
- 5まいの 花びらで できている

アジサイ
- 花も はも ない
- めのような ものが ある

ユキヤナギ
- 花は 小さい
- たくさん さいている

チューリップ

チューリップの実

さくら

ボケの花

準備物
- サクラの花
  (事前に，子どもの人数分のサクラの花を集めて，ビニル袋にいれておくと一人ひとりにもたせることができます。)
- チューリップの花を1つ
- 図鑑，写真

---

3 チューリップの花やサクラの花，アジサイの様子をまとめよう。

「チューリップの花を見つけましたか。」
- 赤いチューリップや黄色のチューリップがあったよ。

「サクラはどうでしたか。」
- きれいだったよ。
- いっぱい咲いてたよ。

「アジサイは？」
- 花はなかったよ。
- 葉もなかったよ。
- 芽のようなものがあったよ。

4 木のことで見つけたことを発表しよう。

「木のことで気がついたことがありましたか。」
- ユキヤナギも咲いていました。
- ボケの花もあったよ。

「ユキヤナギの花は小さいですが，たくさん咲いているからきれいですね。」
- 背も低いですが，美しいです。

第3時 学校の春を見つけよう（3）

本時の目標
校内で，モンシロチョウやナナホシテントウを見つけることができる。
春の風を感じることができる。

本時の学習にあたって

解説
　春のモンシロチョウやナナホシテントウ，アリなどの昆虫を観察します。春になって，モンシロチョウが飛び始めると，心もあたたかくなります。冬の風と違い，あたたかく心地よい風が吹いています。冬の大陸の冷たい空気ではなく，あたたかい空気に包まれてきたのです。

展開
　モンシロチョウやナナホシテントウ，アリを見つけて，様子を観察しましょう。そして，あたたかい風を感じましょう。

留意点
　モンシロチョウやアリは見つけやすいです。見つけにくいナナホシテントウは，子どもが見つけた時に，授業で学びあいましょう。

※下線部分はたいせつなところです。

1 モンシロチョウを見つけよう。

「モンシロチョウが飛んでいるのを見かけましたか。」
　・飛んでいたよ。昆虫網でつかまえようとしたけれど，飛んでいるモンシロチョウをつかまえるのは，むずかしかったよ。
「モンシロチョウの飛び方はどんな様子でしたか。」
　・ひらひらと，ゆったりとした感じで飛んでいました。
　・あたたかくなってくると，飛んでいました。

2 ナナホシテントウを見つけよう。

「ナナホシテントウも見つけましたか。」
　・ナズナの葉っぱに，止まっていたよ。
　・土の上を歩いていました。
　・歩いていて，止まったと思ったら，飛んでいったよ。
「ナナホシテントウをつかまえることができましたか。」
　・つかまえると，死んだふりをして，じっとしていたよ。

| 板書の留意点 |

学校の はるを 見つけよう

モンシロチョウ
○ひらひらと ゆったり とんで いる

ナナホシテントウ
○ナズナの はに とまっていた
○土の 上を あるいていた

アリ
○小さな くろい アリが いた
○すこし 大きいアリも いた
○ゆっくり うごいていた

はるのかぜ
○あたたかい
○花の いい におい
○きもちいい

モンシロチョウ

モンシロチョウ

モンシロチョウ産卵

カタバミとテントウムシ

準備物
・DVD
・モンシロチョウ　・ナナホシテントウ　・アリ

3　アリを見つけよう。

「アリが動いているとこを見かけましたか。」
・小さな黒いアリがいたよ。
・少し大きいアリもいたよ。
「動き方はどうでしたか。」
・ゆっくり動いているアリもいました。
・せかせかと急いでいる感じのアリもいました。

4　春の風を感じよう。

「冬の風は，冷たかったですね。春の風は，冬の風に比べるとどんな感じですか。」
・あたたかいです。
・強くないです。
・気持ちいい。
・花のいい匂いがします。
「春の風は，気持ちいいですねえ。」

第4時 1年生をむかえよう(1)

本時の目標
1年生に学校の中を案内することができる。

本時の学習にあたって

解説
友だちへの意識が少なかった1年生に比べ、2年生になると、空間認識に広がりもでき、友だちを意識できるようになってきます。そのような質的な発達をより確かなものにするためにも、1年生に体育館や運動場、保健室などを案内する活動は、1年生にも2年生にも価値のあることです。

展開
教師が、「1年生に体育館や運動場、保健室を案内しよう。」と呼びかけ、2年生が、1年生を案内し、説明をします。

留意点
子どもたちが、けがをしないような配慮の1つとして、教師が事前に他の教職員に「体育館や運動場、保健室の案内をする授業を行います。」と伝えておきましょう。

⇔下線部分はたいせつなところです。

1 1年生をどこに案内しようかな。

「1年生に学校を案内しましょう。どんなところに案内したいかな。」
・保健室を案内したいな。
・体育館も見てもらいたいな。
「では、案内するときに気をつけることはないですか。」
・廊下を走らないようにする。
・大きな声を出さないようにする。
・きちんと手をつなぐ。
「そうですね、こういったことも1年生に教えてあげましょう。」

2 この体育館では、全校のみんなが集まることができるよ。

・(2年) 体育館では、みんなが集まって、朝会をしたりするんだよ。
・(1年) 入学式の時に、みんなが集まっていたよね。
・(2年) そうそう、1年生のみなさんを祝って、歌を歌ったりしたよ。
・(1年) 校長先生のお祝いの言葉もあったよね。そして、みんなが歌を歌ってくれたよね。
・(2年) 紙でつくった花やかざりをつくったよ。入学式の前の日に、1年生の教室のかざりつけもしたよ。

板書の留意点

板書例

1年生を　むかえよう

たいいくかん	うんどうじょう	ほけんしつ
ボール	かけっこ	けが
マット	ボール	
朝会	ブランコ	
入学式をしたところ	ジャングルジム	

準備物

3 ここが，運動場だよ。
かけっこやボールを使った遊びができるよ。

「運動場も案内しましょう。」
- （2年）運動場では，遊ぶことも多いから，遊具などの使い方も教えてあげるよ。
- （2年）運動場は広いから，走ったり，飛んだり，ボール遊びをしたりできるよ。
- （1年）ブランコもあるんだね。
- （2年）ブランコでは，落ちたりすると危ないから，2年生と一緒に遊ぶといいよ。ブランコだけでなく，ジャングルジムもあるよ。
- （1年）広いから楽しそうだね。

4 ここが，保健室だよ。
けがをしたら，ここに来るんだよ。

「保健室も教えてあげましょう。」
- （2年）けがをした時にお世話になる部屋だから，しっかり教えてあげよう。
- （2年）けがをした時は，保健室の先生にお薬をつけてもらったりするんだよ。
- （1年）こわくないんだね。
- （2年）保健室の先生もやさしいよ。生活科で，保健室のことを勉強するよ。
- （1年）楽しみだな。

春だ　今日から　2年生

第5・6時 1年生をむかえよう(2)

本時の目標

1年生にアサガオのたねを渡すことができる。1年生と休み時間に遊ぶことができる。

本時の学習にあたって

解説
2年生が昨年に栽培したアサガオのたねと『アサガオしんぶん』を1年生にプレゼントします。1年生は,お兄さん,お姉さんからもらったたねなので,大事に育てようとします。2年生が,1年生にお手玉を使った遊びや遊具を使っての遊びを教えます。

展開
アサガオのたねと栽培した記録である,『アサガオしんぶん』をプレゼントします。校内での遊びとして,お手玉遊びや遊具を使っての遊びを1年生に伝えます。

留意点
1年生には,子どもたちが収穫したたねと新しく購入したたねとをプレゼントしましょう。栽培したたねだけでは,大きな花を咲かせることができないこともあるからです。2年生の一人ひとりが,プレゼントする1年生の名前がわかっておくようにします。(入学式までに,2年生が担当する1年生の名前を確認するようにしておきましょう。通学路が同じとか,知り合いであるとかなどの理由で決めておくといいです。)

※下線部分はたいせつなところです。

1 1年生に,アサガオのたねをプレゼントしよう。

「1年生に,アサガオのたねと『アサガオしんぶん』をプレゼントしましょう。」
- (2年)1年生の教室に行って,プレゼントします(1年生の教室)。
- (2年)これから,みなさんに,2年生から,アサガオのたねをプレゼントします。
- (1年)ありがとうございます。大事に育てます。

2 1年生に,『アサガオしんぶん』を贈ろう。

- (2年)1年生の時に育て,アサガオのたねをたくさん採ることができました。アサガオを育てた時につくったしんぶんもプレゼントします。
- (1年)ありがとうございます。
- (2年)アサガオのたねをまいたら,水やりなどのお世話をしてください。『アサガオしんぶん』に書いていますので,よく読んでください。
- (1年)アサガオを育てて,たくさんのたねが採れるようにします。

板書の留意点

1年生を　むかえよう

○ 1年生に　プレゼント　するもの ……アサガオのたね
　　　　　　　　　　　　　　　　　アサガオしんぶん

○ きょうしつの中で　あそべる　あそび ……おてだま

○ そとでの　あそび ……ゆうぐや　ボールを　つかった　あそび
　　　　　　　　　↓　　　　　　　　↓
　　　　　　　　ブランコ　　　　　ドッジボール
　　　　　　　　　　　　　　　　　サッカー

板書例

準備物
- 1年生の時に育てたアサガオのたね
- 『アサガオしんぶん』
- お手玉

3　遊びを教えよう：お手玉

「1年生に，雨の日にも遊べる，お手玉遊びを紹介しましょう。」
- （2年）（お手玉遊びが得意な子どもが，1年生に見せます。）お手玉を落とさないようにやっています。
- （1年）上手です。ぼくもできるかなあ。
- （2年）やってみましょう。

4　遊びを教えよう：遊具を使った遊び

「外での遊びとして，遊具を使った遊びを教えてあげましょう。」
- （2年）ボールを使って，ボール投げをしましょう。
- （1年）ボール遊びは，得意だよ。
- （2年）ボール投げやボールをうまく受けることができるようになると，ドッジボールもできるよ。
- （1年）やってみたいね。
- （2年）休み時間にやろうね。
- （2年）ブランコもできるよ。
- （1年）落ちないように気をつけるよ。

春だ　今日から　2年生

第7・8時 春のまちを歩こう(1)

本時の目標

1年生に，通学路での安全，ルールやマナーなど気をつけることを知らせる。1年生に地域の人とのかかわりを知らせる。

本時の学習にあたって

【解説】
　通学路での安全は，まず，交通ルール（右側を歩く・交差点では，右左右を見ること・車にひかれないことなど）を守ることを1年生に教えましょう。また，水たまりや池にはまったりしないように注意してあげましょう。狭い道や商店街に限らず，横に何人かが並んで歩くことも他の人に迷惑になることに気づかせてあげましょう。通学路で会える人たちへの挨拶も忘れないようにしましょう，と呼びかけておきましょう。

【展開】
　通学路での交通ルールや危険な個所の確認をしましょう。また，通学路で会える人たちへの挨拶も忘れないようにと呼びかけておきましょう。

【留意点】
　危険なことがあった時には，大声を出して，助けを求めることも1年生に話しておくことが必要な時代かもしれません。

◇下線部分はたいせつなところです。

1　通学路では，交通ルールを守り，危険な場所には近づかないようにしよう。

「1年生と一緒に春の町を歩きましょう。通学路での交通ルールを教えてあげましょう。」
・通学路を歩くときは，右側を歩くんだよ。
・交差点を渡るときは，車が来ているかを確かめるために，右を見て，左を見て，そして，もう一度右を見ます。車にひかれないためにね。

「通学路での注意の2つ目は，危険なところがないかを1年生に教えてあげましょう。」
・人がはまってしまうような穴のあいた所や水たまり，池には，近づかないようにね。

2　通学路で会える人たちへの挨拶をしよう。

「通学路で会う人たちに挨拶をすることも教えてあげましょう。」
・（2年）通学路では，交通安全のためのボランティアのおじさんやおばさんがおられます。「ありがとう」って言って，挨拶をしましょう。また，田んぼにおられるおばさんやおじさんにも挨拶をしようね。

板書の留意点

板書例

はるの 町を あるこう

つうがくろを あるくときに きを つけること

○ 右がわを あるく

○ こうさてんを わたるときには 右を見て、左を見て、もう一ど 右を見る

○ 水たまりや いけに 入らない

○ よこに ひろがって あるかない

あいさつを しよう！

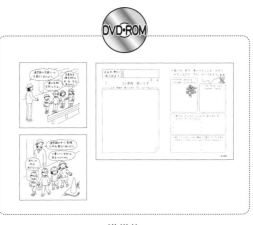

準備物

・教科書

---

3 通学路では、交通ルール守り、広がって歩かないようにしよう。

「歩き方で気をつけることもありますよ。」

・（2年）友だちと話しながら歩いていると、横に広がってしまいます。後ろから歩いてくる人が困ってしまいます。横に広がらずに歩きましょう。友だちと話したい時には、少し広い所で集まりましょう。

・（1年）私も、1人で歩いていて、前を横に4人が並んで歩いている人がいたので、困ったことがあります。

4 田んぼや畑のおじさんやおばさんと仲良しになろう。

「田んぼや畑におられる方にも挨拶をしましょう。」

・（2年）田んぼにおられるおばさんやおじさんにも挨拶をしようね。

・（1年）「よくがんばっているね」と励ましてくれます。そんな時、うれしいです。「夏野菜を植えているよ。」と教えてくれたよ。

・（農家の方）うねづくりをして、夏野菜の苗を植えているところだよ。

・（2年）野菜が食べられるようになるのが楽しみです。

春だ 今日から 2年生

第9時 春のまちを歩こう(2)

本時の目標
通学路でタンポポやおたまじゃくし，サクラなどを見つけることができる。

本時の学習にあたって

解説
通学路には，いろいろな草花や木が生えています。タンポポは，道端によくある草花の1つです。どこの通学路でも見つけることができます。また，サクラの花の美しさは，だれもが感じとることができます。
公園には，小さな池があることが多いです。こういう水たまりには，おたまじゃくしがいることもあります。おたまじゃくしを見つけたら，1年生にも教えてあげましょう。また，ブランコなどの遊具もあるでしょう。安全に気をつけて，遊んでみましょう。

展開
通学路で，タンポポやサクラを見つけます。校区にある公園には，おたまじゃくしがいたり，ブランコなどの遊具もあります。けがをしないように気をつけて，遊具で遊べるようにします。

留意点
けがをしないように，気をつけましょう。タンポポやサクラ，おたまじゃくしの1つでも見つけられたら，2年生が1年生に話していきましょう。

◇下線部分はたいせつなところです。

1 通学路で，タンポポを見つけよう。

「通学路で，タンポポを見つけましたか。」
・道端にありました。
・タンポポは，背が低いです。
・黄色の花でした。
「1年生に，タンポポが生えていることを教えてあげましょう。」
・（2年）黄色くて，小さな花が咲いているでしょう。タンポポと言います。
・（1年）かわいいです。

2 通学路で，サクラを見つけよう。

「通学路には，サクラの木もあります。花が咲いていたら，サクラの木だとわかりやすいです。1年生にサクラを教えてあげてくださいね。」
・（2年）入学式の日にも見つけていたよ。
・（1年）サクラの花って，きれいです。

板書の留意点

板書例

はるの　まちを　あるこう

○ つうがくろで　見つけられるもの
　タンポポ，サクラ

○ こうえんで　見つけられるもの
　いけに　おたまじゃくし

○ ブランコで　あそぼう
　おちないように　きを　つける
　まわりに　人が　いないか　きを　つける

準備物
・教科書

3　公園で，おたまじゃくしを見つけよう。

「公園の池で，おたまじゃくしがいましたよ。」
・（2年）田んぼでも見つけたことがあるよ。
・（2年）泳いでいる小さなおたまじゃくしを見ましょう。
・（1年）泳ぎ方がかわいいです。

4　公園で，ブランコをしよう。

「公園にあるブランコで，ブランコ遊びを教えてあげましょう。」
・（2年）落ちないように，気をつけて，ブランコに乗れるようにしてあげたいです。
・（1年）お母さんと一緒に乗ったことがあるよ。
・（1年）立ちこぎもできるよ。
・（2年）ブランコをこぐときには，まわりに人がいないかどうかも確かめます。

春だ　今日から　2年生

はるの 七草を たべよう   なまえ

月　日

◉ 見つけたり ずかんで しらべて いろを ぬろう。

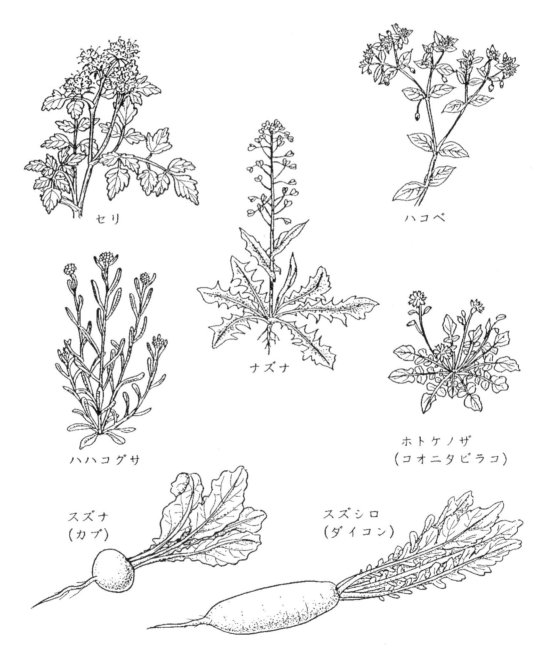

セリ

ハコベ

ナズナ

ハハコグサ

ホトケノザ
(コオニタビラコ)

スズナ
(カブ)

スズシロ
(ダイコン)

春の草花観察

はるの 草花を みつけよう   なまえ

月 日

◉ 見つけたものに いろを ぬろう。

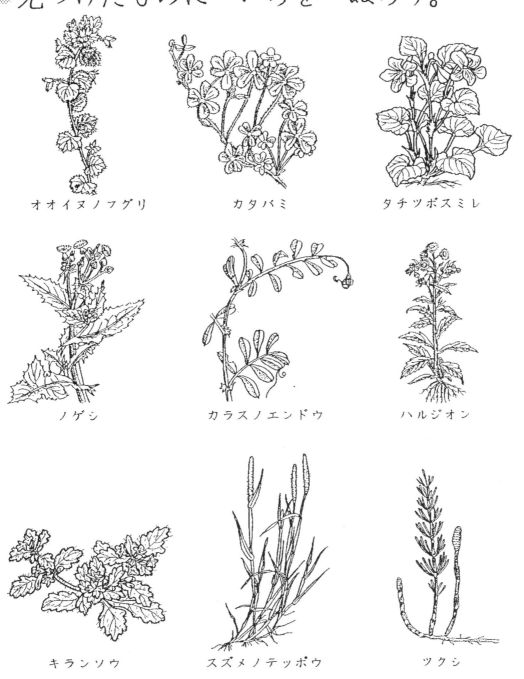

オオイヌノフグリ　　カタバミ　　タチツボスミレ

ノゲシ　　カラスノエンドウ　　ハルジオン

キランソウ　　スズメノテッポウ　　ツクシ

春の草花観察

大きく なあれ わたしの 野さい　　全授業時数 11 時間

［学習にあたって］

　低学年で取り組む野菜づくりの学習は，発達段階も踏まえながら大きく見れば，生物と環境とのかかわりについての学習です。子どもはこの学習で，生物が成長する様子やさまざまな環境要因により変化する様子に直接触れ，動植物を見つめる（観察する）視点を養い，生命の尊さを実感することができます。

　このように，栽培活動は多くの学習価値をもたせることができる大切な体験学習であると言えます。野菜を種や苗から育て，水やりや観察，収穫などの体験をすることによって，自然とのかかわりに関心をもち，自然の素晴らしさに気づいていきます。

　それを支える教師の側から見ると，決して簡単な活動ではありません。子どもたちと一緒に収穫の喜びを味わい，採れたての野菜を共に食すためにはそれなりの知識と経験が必要です。

［単元の目標と評価規準］

【関心・意欲・態度】	野菜の収穫を楽しみにしながら，植物の変化や成長の様子に関心をもち，継続的に世話をしようとしている。
【思考・表現】	場所に応じて育てる植物を決めたり，植物の変化や成長の様子やその喜びなどを振り返ったりして，それを素直に表現している。
【気付き】	植物の変化や成長の様子から，植物が生命をもっていることに気づく。 植物にあった世話があることに気づく。

［指導計画］ 全9時間

次		時	本時の目標	学習活動
野さいをそだてよう（1）（どんな野さいをつくろうかな）		1	野菜を栽培することに関心をもち，育てる植物を話し合い，植え方や育て方について調べる方法や思いを出し合い，期待や思いをもつことができる。	・自分たちで育てる野菜について話し合う。 ・育てたい野菜の世話の仕方などについて調べる。 ・野菜の世話の仕方を調べ，発表する。 ・土づくりの大切さを考える。
野さいをそだてよう（2）（学級園に野菜を植えよう）		2	自分がつくる作物に関心や願いをもち，種まきや苗植えをすることができる。	・土づくりをする。 ・種や苗を植える（トマトを植える）。 ・種や苗を植える（キュウリを植える）。 ・苗植えなどをしたことを記録する。

[指導計画] 全9時間

次	時	本時の目標	学習活動
野さいのせわをしよう（1）トマト，キュウリ，ナス，トウモロコシの世話のしかた	3・4	それぞれの野菜の世話を通じて，野菜を育てるためには，いろいろな世話をしなければならないことに気づく。	・トマトの世話の仕方を知る。 ・キュウリの世話の仕方を知る。 ・ナスの世話の仕方を知る。 ・トウモロコシの世話の仕方を知る。
野さいのせわをしよう（2）サツマイモ，ダイズ，ジャガイモ，カボチャの世話のしかた	5		・サツマイモの世話の仕方を知る。 ・ダイズの世話の仕方を知る。 ・ジャガイモの世話の仕方を知る。 ・カボチャの世話の仕方を知る。
やってみよう　野菜づくりを農家の人に聞いてみよう		野菜づくりをする中で，わからないことやうまくいかないことについて地域の農家の人に聞き，栽培活動を続けることができる。	・農家の人に聞くことを準備し，農家の人に会う。 ・農家の人に聞いてみる。 ・お礼を言う。 ・野菜づくりを見直してみる。
野さいをしゅうかくしよう	6・7	自分が育てた野菜の収穫の喜びの思いや様子をまとめ，記録することができる。	・トマト，キュウリを収穫する。 ・ナス，トウモロコシを収穫する。 ・サツマイモ，ダイズを収穫する。 ・ジャガイモ，カボチャを収穫する。
サツマイモをしゅうかくしよう	8・9	みんなで育てたサツマイモの収穫の喜びや思いを記録し，調理をして楽しむことができる。	・収穫の予想をする。 ・サツマイモを収穫する。 ・サツマイモのことを文や絵で残す。 ・サツマイモでおいしいものをつくる。
やってみよう　とれた野菜でカレーをつくろう		収穫した野菜でカレーをつくる目標で，みんなと分担し，取り組むことができる。	・収穫した野菜の活用方法を考える。 ・カレーづくりの手順確認や役割分担をする。 ・カレーづくりを行う。 ・記録に残す。
野さいのことをつたえよう（野菜新聞をつくろう）	10・11	自分が育てた野菜の収穫の喜びの思いや様子をまとめ，自分なりの方法で表現したり，伝えたりすることができる。	・野菜ごとのグループをつくる。 ・記事や絵の紙面構成を話し合う。 ・新聞づくりをする。 ・各グループの新聞発表会を行う。

第1時 野さいをそだてよう(1) どんな野さいをつくろうかな

本時の目標

野菜を栽培することに関心をもち，育てる植物を話し合う。植え方や育て方について調べる方法や思いを出し合い，期待や思いをもつことができる。

本時の学習にあたって

解説

野菜づくりを通して，①植物は成長していくものである，②成長を助けるために日々の世話が大切であることがわかる，③世話は，友だちと分担しながら進めていく，などのことを学ばせたいです。そして，成長する野菜を観察して，つくる喜びを味わわせたいです。

展開

- 自分のつくりたい野菜を見つけ出します。子どもたちは野菜の名前を知っていても，知識としては不十分なものなので，<u>できるだけ実物も用意します</u>。
- つくる野菜のすべてをクラス全員でするのは大変ですから，<u>主に準備や調べること，管理はグループに分け，グループごとに発表させる形をとります</u>。
- 野菜の世話の仕方を調べるといっても，子ども向きにわかりやすく書いてあるものは少ないです。<u>実際に農家の人などの協力を得て進めることも考える必要があります</u>。
- 野菜づくりには土づくりが，世話する第一歩です。<u>土づくりの結果で，出来不出来が左右されます</u>。土づくりの準備は十分しておく必要があります。

◇下線部分はたいせつなところです。

1 自分たちで育てる野菜について話し合おう。

「自分たちで育てる野菜を決めましょう。」
（教科書を見たり，1年生の時の経験を思い出させ，育てたい植物を出させる。）
「どんな野菜を知っていますか。」
- トマト，キュウリ，ナス
- トウモロコシ，ジャガイモ，サツマイモ

「いろいろたくさん出ましたね。次に，自分でつくりたい野菜を決めましょう。」
（決めた野菜を記録カードに記入させる。）
「つくりたい野菜が同じ人同士でグループをつくります。」

2 育てたい野菜の世話の仕方などについて調べよう。

「野菜を植える前に，世話の仕方について調べておきたいと思います。どうやって調べましょう。」
- 生き物図鑑などで調べればわかるかな。
- 野菜を売っているお店の人に聞けばいいかな。
- 野菜をつくっている家の人に聞けばいいかな。

「今までの生き物調べであれば図鑑でよかったですが，野菜の世話はそれだけでは無理かもしれませんね。」
「<u>先生もいろいろ用意しますので，みなさんも家の人や野菜の世話の仕方を知っている人に聞いてきましょう。</u>」
「それでは，図鑑や本などから調べてみましょう。」

| 板書の留意点 | 実物を用意しながらすすめる。 |

野さいを　そだてよう
～どんな　野さいを　つくろうかな～

○つくりたい　野さい
- トマト
- キュウリ
- ナス
- トウモロコシ
- ジャガイモ
- サツマイモ
- カボチャ
- ダイズ

☆たいせつなこと
　土づくり

○せわの　しかた
- ずかんで　しらべる
- やおやさんで　きいてみる
- つくっている　人に　きく
↓
〈わかったこと〉
- トマトグループ…なえを　うえる
- キュウリグループ…あみが　ひつよう
- ナスグループ……えだを　ささえる　ものが　いる

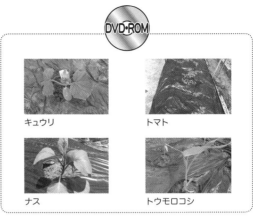

キュウリ　トマト
ナス　トウモロコシ

準備物
- 実物の野菜
- 野菜図鑑
- 野菜のつくり方の本

3　野菜の世話の仕方を調べ，発表しよう。

「それぞれのグループで調べてどんなことがわかりましたか。」
- 「ミニトマトグループ」
　苗＝種からでは無理なので，苗を植えます。
- 「キュウリグループ」
　大きくなったら，網がいります。
- 「ナスグループ」
　枝を支えるものがいります。
- 「トウモロコシグループ」
　折れないように支え棒がいります。

4　土づくりの大切さを考える

「世話の仕方がだいたいわかりました。それだけで野菜を上手につくれるでしょうか。何か大切なものがありませんか。1年生の時のことを思い出しましょう。」
- 植える時の土はどうするのですか。

「そうですね，土は大変大切でしたね。野菜づくりはプランターではなく，地面の土を使います。気をつけないといけないことがありませんか。」
- 朝顔の時も土に肥料を入れたよ。
- 土をしっかり掘っておく。

大きく　なあれ　わたしの　野さい

第2時 野さいをそだてよう(2) 学級園に野さいを植えよう

本時の目標
自分がつくる作物に関心や願いをもち，種まきや苗植えをすることができる。

本時の学習にあたって

【解説】
自分たちの作物は，自分たちで育てるという自覚をもたせる意味でも，「土づくり」「種まき」「苗植え」「水やり」などを可能な限り子どもたちの手でさせたいです。この授業計画は，学級園（露地栽培）での作業を念頭に置いて書かれていますが，学級園が使用できない環境であれば，鉢やプランターでの栽培も可能です。鉢やプランターでの栽培方法は露地栽培と少し違うので気をつけましょう。

【展開】
・学級園の土起こしは大半は教師でやっておき，最後の耕しと肥料入れを子どもたちにさせます。
・肥料は堆肥（環境教育につながる）がベストですが，臭うので，化成肥料でもよいかと思います。
・苗植えなどは慣れない子どもたちがやりますのでゆっくり丁寧にさせましょう。
・種や苗は，子どもたちがつくりやすく，土地にあったものを園芸店の人に相談して購入してもよいでしょう。

✿下線部分はたいせつなところです。

1 土づくりをしよう。

「家で畑をしている人に聞きますが，まず，畑で何をしていましたか。」
・私のお父さんは鍬で土を掘っていたよ。
・掘った土を盛り上げていました。
「まず畑づくりは，畑の土を柔らかくするために掘ります。これを耕すと言います。それからどうしたかな。」
・土に肥料を入れていたよ。
・肥料を入れて，よく混ぜていたよ。
「肥料は，野菜が大きくなるために大切なものですね。」
「みさんもできる限り畑を耕し，肥料を入れましょう。」

2 種や苗を植えよう（トマトを植える）。

「トマトの苗を植えましょう。前に調べて，どんなことに気をつければいいでしょうか。」
・苗を取り出すとき，ポットの土がばらばらにならないようにそっとポットから苗を取り出します。
・穴に1つずつ植えつけていきます。
・苗を植えたら，苗のまわりの土を手のひらで軽く押さえて，土を固めて，苗をしっかりさせます。
・その後，十分に水をあげます。
・土が乾いていたら，水をあげます。だいたい毎日あげます。

板書の留意点 野菜づくりの順序がわかるように。

```
板書例

      野さいを　そだてよう
       ～野さいを　うえよう～

　○土づくり　　　　　　○なえを　うえる
　・土を　ほる　　　　　　〈うえかた〉
　・ひりょうを　いれる　　そっと　とりだす
　　　　　　　　　　　　　　　↓
　　　　　　　　　　　　　そっと　うえる
　　　　　　　　　　　　　　　↓
　　　　　　　　　　　　　土を　かける
　　　　　　　　　　　　　　　↓
　　　　　　　　　　　　　そっと　水を　やる
```

準備物
- 植える野菜の種や苗　・移植ごて　・スコップ
- 肥料（野菜の種類によって入れる肥料が変わる。基本は化成肥料で，有機肥料なども活用したい）
- 名札（野菜名記入）　・じょうろ　・バケツ
- 記録カード

---

3 種や苗を植えよう（キュウリを植える）。

「キュウリの苗を植えましょう。前に調べて，どんなことに気をつければいいでしょうか。」
- 植える穴は水をかけて湿らせておくか，雨の後に植えるのがいいようです。
- 苗を取り出すとき，ポットの土がばらばらにならないようにそっとポットから苗を取り出します。
- 穴に1つずつ植えつけていきます。
- 苗を植えたら，苗のまわりの土を手のひらで軽く押さえて，土を固めて，苗をしっかりさせます。
- <u>十分に水をあげます。1週間は，毎日多めにあげます。</u>

4 苗植えなどをしたことを記録しよう。

「野菜の苗や種を植えました。その時の様子や気持ちを記録カードに書きましょう。どんなところを書きたいですか。」
- 僕は，土づくりのことを書こうと思います。
- 私は苗を植えたとこを書こうかな。
- 僕は，支えの棒を立てたところを書こうかな。

大きく　なあれ　わたしの　野さい

第3・4時
野さいのせわをしよう(1)
トマト，キュウリ，ナス，トウモロコシの世話のしかた

本時の目標
それぞれの野菜の世話を通じて，野菜を育てるためには，いろいろな世話をしなければならないことに気づく。

本時の学習にあたって

解説
　1年生の時の朝顔の栽培経験があるとはいえ植物栽培の経験は未熟なので，土づくりから収穫まできちんと指導したいものです。低学年であっても取り組める課題です。自分たちが食しているものがどのようにしてできるのか身をもって理解できる学習です。子どもにとっても，一生懸命に世話することで，愛着も芽生えてきます。自然への興味も出てくることでしょう。学習の成果を上げるためには，教師側の準備も十分になされなければなりません。多くの教師にとって野菜栽培は初めてのことでもあり大変です。そこで，<u>一番大事なことは，野菜づくりの全工程に教師が興味をもち，楽しく取り組む</u>ことだと思います。

展開
　ここでは，各野菜づくりをする中で，子どもたちが気づいてくれたことを載せておきました。栽培活動中に子どもたちが発表したことや記録カードに残されたことを後で「<u>○○野菜の栽培記録</u>」を作成するときに役立てます。

※下線部分はたいせつなところです。

1　トマトの世話の仕方を発表しよう。

「トマトの世話で気づいたことを発表しましょう。」
- 苗が大きくなってきたら，棒を立ててあげないといけないね。
- 脇芽を取ってあげないと上手に育たない。
- 水はやりすぎもいけない。
- 葉が多くなると実がかくされるからわき芽を取らないといけないんだね。
- 実が赤くなったら採ってもいいんだね。
- 肥料は，実ができてきたときや月2回ぐらいあげるんだね。

2　キュウリの世話の仕方を発表しよう。

「キュウリの世話で気づいたことを発表しましょう。」
- アブラムシという芽を食べる虫が出てきたとき，やっつける虫として，テントウムシがいいんだね。
- 土が乾いたら，たっぷり水をやります。
- つるが伸び始めたら，つるを巻きつけるための棒を立てます。
- いい実をつけるのに，つるの先をつまみ取ったりすると，その後出てくるつるがよく育つんだね。

| 板書の留意点 | トマトの育つ順序がわかるように。 |

板書例

トマトの せわを しよう
（水はなるべく まい日）

① なえを うえる　　② ささえぼうを　　③ わきめを つむ
　　　　　　　　　　　　たてる

④ ひりょうを　　　⑤ 花がさく　　　　⑥ みが できる
　　あげる　　　　　　　　　　　　　　（しゅうかく する）

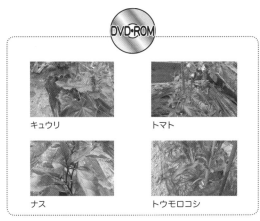

キュウリ　　トマト
ナス　　トウモロコシ

準備物
・トマト＝支柱
・キュウリ＝ネット，支柱
・ナス＝支柱
・トウモロコシ＝支柱
・共通＝支柱と野菜をしばるひも
・記録カード（第2時で使用したもの）

3　ナスの世話の仕方を発表しよう。

「ナスの世話で気づいたことを発表しましょう。」
　・ナスは大きくなるから，倒れないように支えの棒を立てる。
　・ナスは，水が好きだから，水がなくならないようにいつも水やりをしっかりとする。
　・ナスの花の後には，必ず実がついていたよ。
　・ナスの実は，夏だけではなく，秋になっても採れたね。

4　トウモロコシの世話の仕方を発表しよう。

「トウモロコシの世話で気づいたことを発表しましょう。」
　・トウモロコシは，種で育てたよ。
　・種は，水につけてから，土にまいたね。
　・たくさん出てきた苗を，いいものだけ残したね。
　・水はやりすぎるといけないみたいだよ。
　・一番てっぺんに大きな穂が出たよ。
　・大きな葉っぱの根元からトウモロコシの実が出ていたよ。
　・実は，一番いいのを残して取ってしまいました。
　・実の先からふさふさした毛のようなものが出てきたよ。
　・毛のようなものが茶色に変わってきたら採ったよ。

大きく なあれ わたしの 野さい

第5時 野さいのせわをしよう(2)
サツマイモ, ダイズ, ジャガイモ, カボチャの世話のしかた

本時の目標
それぞれの野菜の世話を通じて, 野菜を育てるためには, いろいろな世話をしなければならないことに気づく。

本時の学習にあたって

展開

野菜の世話をしよう（1）と同様, 各野菜づくりをする中で, 子どもたちが気づいてくれたことを載せておきました。

子どもたちの世話の中心は水やりです。夏野菜は, つくるものによって水が欠かせないものがあります。水やりを怠ると枯れたり, 病気になったりします。クラス全員で協力してやりましょう。その他, 野菜によっては, 伸びてくるつるの整理や摘心（てきしん）, 支柱立て, 肥料やりと細々とした行程が出てきます。すべて子どもたちにさせるのは無理がありますから, 大事な作業を授業に組み込みタイミングよくやっていく必要があります。失敗しても一定期間一生懸命取り組んだことに目を向け, 子どもたちを評価してあげましょう。

※下線部分はたいせつなところです。

1 サツマイモの世話の仕方を発表しよう。

「サツマイモの世話で気づいたことを発表しましょう。」
- 種や苗ではなく, 葉のついたものを植えるだけで大きくなるのにはびっくりした。
- つるが伸び出したら, まわりの雑草を取りました。
- つるの途中から細い根がいっぱい出てきました。
- その根は取りました。
- 伸びたつるを途中で切って土に植えると, また伸び始めたのにはびっくりしました。
- 時々そっと掘って大きなイモができているかどうか確かめてから取りました。

2 ダイズの世話の仕方を発表しよう。

「ダイズの世話で気づいたことを発表しましょう。」
- 枝豆って, ダイズのことだとわかりました。ダイズを枝につけて採っているから枝豆なんだね。
- ダイズは種をまきました。
- 少し大きくなってきたら, いい葉だけ残して他は取りました。
- 水は土が乾いた時だけあげました。
- 豆が大きく膨らんできたら採りました。

| 板書の留意点 | サツマイモの育つ順序がわかるように。 |

サツマイモの せわを しよう

① なえ うえ

② つるが のびる

 サツマイモ
 カボチャ
 ジャガイモ

準備物
- サツマイモ＝特になし
- 大豆＝支柱
- ジャガイモ＝土かけ用スコップ　・移植ごて
- カボチャ＝特になし
- 記録カード（第2時で使用したもの）

3　ジャガイモの世話の仕方を発表しよう。

「ジャガイモの世話で気づいたことを発表しましょう。」
（ジャガイモ栽培は年2回できます。3月植えと8月植えです。学校での栽培は8月栽培がいいですね。）
- 種や苗を植えるのではなく，イモを植えるだけで大きくなるのは驚いた。
- イモからたくさんの芽が出るから，2つぐらい残し，後は取りました。
- 葉が大きくなったら，土を根っこにかぶせました。
- 葉が枯れてきたら，採ってもいい印ですので，みんなで掘りました。

4　カボチャの世話の仕方を発表しよう。

「カボチャの世話で気づいたことを発表しましょう。」
- 種まきをしました。種は大きくて黒い色をしていました。
- 太いつるがどんどん伸び，いろいろなところに巻きつきます。
- 花は2つあって，粉のついている花をついてないほうにつけました。
- 採ってもよい印は，つるとつながっているところの色が変わった時でした。

大きく なあれ わたしの 野さい　43

やってみよう
野菜づくりを農家の人に聞いてみよう

本時の目標

野菜づくりをする中で，わからないことやうまくいかないことについて地域の農家の人に聞き，栽培活動を続けることができる。

本時の学習にあたって

【解説】
　野菜栽培を取り組んでいて，わからないことやうまくいかないことが出てきます。そうすると，子どもたちの意欲も減退してきます。子どもたちに元気に活動を続けてもらうためにも地域の人に協力をお願いします。ただ，日頃子どもたちと接触のない地域の農家の人ですから，子どもたちとの意思疎通がうまくいくように教師はいろいろ準備をしておく必要があります。

【事前の準備】
　子どもたちの質問などは，事前に集約し，農家の人に伝えておくことや，野菜の実物など具体的なものを用意することも必要です。また，あらかじめ，質問者を決めておいたり，鉢植えの野菜があれば用意をしておいたりするのもよいでしょう。

✿下線部分はたいせつなところです。

1　農家の人に聞くことを準備しよう。

「野菜づくりを始めましたが，初めてで，わからないこともいろいろ出てきたと思います。地域の農家の人に来ていただき教えてもらうことにしました。農家の人に聞きたいことをグループごとにまとめましょう。」
（グループごとにまとめ，代表の子どもが聞くようにする。）
「今日，地域の農家の人が，皆さんの野菜の先生として学校に来て下さいました。挨拶をしましょう。」
「グループごとに聞いていきますので，用意をして下さい。」

2　農家の人に聞いてみよう。

＜ミニトマト＞
　・大きくなって倒れてきました。どうすればいいですか。
＜キュウリ＞
　・どんどんつるが伸びていきます。切らなくていいのですか。
＜ナス＞
　・水が好きだと聞きました。どれくらい水やりをすればいいですか。
＜トウモロコシ＞
　・風で倒れかけたのです。どうすればいいですか。

| 板書の留意点 | 項目の文章は，なるべく簡潔に。 |

のうかの 人に きいて みよう

	きいたこと	こたえ	みなおし
ミニトマト	大きくなって たおれてきた	ささえぼうを つかう	ささえぼうを つける
キュウリ	つるが のびて きた	きる	
ナス	どのくらいの 水を あげるか		
トウモロコシ	かぜで たおれかけた		
サツマイモ	つるが のびてきた		
ダイズ	みは どこに できるのか		
ジャガイモ	と中で 土を かけるのは なぜ		
カボチャ	つるの と中の ねは どうしたら いいか		

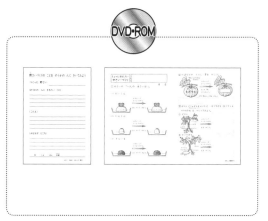

準備物
・質問用紙
・筆記用具
・野菜のお世話図鑑

3 農家の人に聞いてみよう。お礼を言おう。

<サツマイモ>
 ・どんどんつるが伸びます。放っておいていいのですか。
<ダイズ>
 ・実はどこにできるのですか。
<ジャガイモ>
 ・途中で，土をかけるのはなぜですか。
<カボチャ>
 ・つるの途中の根はどうしたらいいのですか。
「お礼を言いましょう。」
 ・いろいろ教えていただき，有難うございました。

4 野菜づくりを見直してみよう。

「野菜の先生からいろいろ教えていただきました。野菜づくりで見直すところが出てきましたか。」
 ・きちんと棒を立て，倒れないようにしたいと思います。
 ・水やりは忘れないように気をつけたいと思います。
 ・いらない枝やつるは取らないといけないことがわかりました。
 ・肥料は，2週間に1回ぐらいやらないといけないことがわかりました。
 ・日当たりも大事なことがわかりました。

大きく なあれ わたしの 野さい

第6・7時 野さいをしゅうかくしよう

本時の目標
自分が育てた野菜の収穫の喜びの思いや様子をまとめ，記録することができる。

本時の学習にあたって

【解説】
　3，4か月かけて育ててきた野菜を収穫するのは誰でもうれしいことです。ましてや初めて収穫することで，今までの思いもいっぱいもっていると思います。また，収穫できたらどうしたいという気持ちも強いと思われます。このような気持ちをまとめ，次につないでいく必要があります。次時に行う「〇〇野さい新聞づくり」や「発表会」のためにまとめておく必要があります。その取り組む時間として設定しました。
　子どもたちがつくった作物によって喜びや思いは違います。また，発見したことや気がついたこと，疑問に思ったことも違います。それぞれの経験をまとめ，後で，発表し，みんなの共有物にしていきたいですね。

【展開】
・野菜によって収穫の時期や仕方が違います。収穫はタイミングよく行い，その都度，記録やミニ発表会をもつのがいいかと思います。
・トマト，キュウリやナスなどは，何度も収穫できるので，全員が収穫したところで発表会をもつのがよいでしょう。

✿下線部分はたいせつなところです。

1　トマト，キュウリの収穫を発表しよう。

「トマト，キュウリの収穫ができました。どんなことを思って育ててきましたか。また，収穫したものをどうしたいですか。」（記録カードに記入し，発表する）
＜トマト＞
・ミニトマトがたくさんできて，家の人にも食べてもらいたいです。
・カラスに少し食べられたときは悲しかった。
＜キュウリ＞
・小さなとげとげがついていた。
・サラダにして食べたいです。

2　ナス，トウモロコシの収穫を発表しよう。

「ナス，トウモロコシの収穫ができました。どんなことを思って育ててきましたか。また，収穫したものをどうしたいですか。」（記録カードに記入し，発表する）
＜ナス＞
・花は，紫色をしていて，大きかったです。
・採れたてのナスは，ピカピカしていた。
＜トウモロコシ＞
・毛がふさふさあったけど，何だろうと思った。
・1本に1つしか食べられないのは知らなかった。
・焼くか茹でて早く食べたいな。

| 板書の留意点 | それぞれのグループの収穫の思いがわかるようにまとめる。 |

野さいを　しゅうかく　しよう

しゅうかくした　野さいに　ついて　はっぴょうしよう

〈トマト〉
・たくさん　みが　ついた
・大きく　そだった
・おいしい　トマト　だった

〈キュウリ〉
・おいしい　キュウリが　とれた
・シャキシャキ　している

〈ナス〉
・たくさんの　みが　できた
・大きな　ナスが　できた
・花も　たくさん　ついていた

トマト　キュウリ　ナス　ジャガイモ

準備物
・記録カード
・移植ごて
・スコップ
・はさみ
・軍手

3　サツマイモ，ダイズの収穫を発表しよう。

「サツマイモ，ダイズの収穫ができました。どんなことを思って育ててきましたか。また，収穫したものをどうしたいですか。」（記録カードに記入し，発表する）
〈サツマイモ〉
・すごくつるが伸びたのはびっくりした。
・掘るのが大変だった。
〈ダイズ〉
・枝豆になった時はうれしかった。
・豆の袋にたくさん入っていると「やった！」と思った。
・茹でて食べたいです。

4　ジャガイモ，カボチャの収穫を発表しよう。

「ジャガイモ，カボチャの収穫ができました。どんなことを思って育ててきましたか。また，収穫したものをどうしたいですか。」（記録カードに記入し，発表する）
〈ジャガイモ〉
・掘ったら，イモがぶら下がってついていた。
・傷つけないように掘るのが難しかった。
・カレーに入れて食べたらおいしいだろうな。
〈カボチャ〉
・つるがすごく伸びて，葉っぱも大きかったです。
・僕の顔よりでっかいカボチャが採れてうれしいです。

大きく　なあれ　わたしの　野さい

第8・9時 サツマイモをしゅうかくしよう

本時の目標
みんなで育てたサツマイモの収穫の喜びや思いを記録し，調理をして楽しむことができる。

本時の学習にあたって

解説

夏野菜の収穫の時と同じく，収穫の期待や喜び，収穫できたらどうしたいという気持ちを膨らませながら取り組みます。サツマイモはボリュウームがあるので収穫作業だけでもおもしろく展開していきます。この気持ちをきちんと記録しておきたいですね。サツマイモの収穫でこのような学習が終わります。野菜の栽培を通じて，植物の特徴（根・茎・葉）などに触れておくことは，3年生以降の理科学習にもつながっていきます。

展開

イモ掘りで気をつけたいことは，① イモを傷つけないように掘ること，② イモがつるとつながっていること，③ イモには大小あること，などを楽しみながらも観察させたいです。掘った後のイモは，水で洗わず，しばらく日陰で保存をします。

◇下線部分はたいせつなところです。

1 サツマイモ，夏野菜のようにたくさん採れるかな。

「サツマイモを収穫する前に，育てていて気がついたことを出し合いましょう。」
- 夏野菜より少し遅く植えたけれど，夏の間に，すごくつるが伸びたよ。
- ジャガイモと同じように土の中でできているのかな。
- 葉っぱとどんなふうにイモはつながっているのかな。
- 掘るときは，どんなふうに掘ればいいのかな。

2 サツマイモの収穫を発表しよう。

「それでは，サツマイモを収穫しましょう。体操服に着替え，汚れてもいいようにして行きましょう。」
＜イモ掘り中の子どもたちの声＞
- つるがたくさんあって，どこにイモがあるのかわからないよ。
- つるは後どうするのかな。
- ジャガイモのようにはすっと採れないよ。
- 大きなイモが出てきた。
- 1つのところに，3つ4つついているよ。
- イモについている土はどうしらいいのかな。

板書の留意点 サツマイモを育て，収穫した思いがわかるようにまとめる。

サツマイモを しゅうかく しよう

○そだて いて 気が ついたこと…
- なつ野さいより おそく うえたけど，なつの あいだに すごく つるが のびた
- ジャガイモと おなじように 土の中で できて いるのかな

○しゅうかく して 気が ついたこと…
- つるが たくさん あって さがすのが たいへんだった
- ほるのに 力が いった
- 1つの ところに 3つ4つ いもが あった

〈おいしい ものを つくろう〉
- スイートポテトづくり

反書列

サツマイモ

準備物
- 体操服　・記録カード
- スコップ　・移植ごて
- 軍手　・くわ　・収穫物を入れるかご

3　サツマイモのことを文や絵で残そう。

「たくさんのサツマイモが採れましたね。みんなのうれしい気持ちを文や絵にして残しておきましょう。」
- こんなにたくさん採れると思っていなかったので，うれしかった。
- 大きいサツマイモは，掘っても掘っても出てこなかったよ。
- 1人では抜けなかったので，友だちと一緒につるを引っ張ったよ。

4　サツマイモでおいしいものをつくろう。

「せっかく採ったサツマイモですので，何かおいしいものをつくりたいと思いますが，何がいいかな。」
- 焼きイモがいいよ。
- スイートポテトをつくったことがあるけど，簡単にできるよ。

「それでは，スイートポテトをみんなでつくりましょう。」

大きく なあれ わたしの 野さい

やってみよう とれた野菜でカレーをつくろう

本時の目標
収穫した野菜でカレーをつくる目標で，みんなと分担し，取り組むことができる。

本時の学習にあたって

解説
　つくった野菜の活用として「野菜カレー」づくりをします。カレーづくりは子どもたちも経験している者も多く，取組としては大きな障害はありません。ただ，食するので，食中毒などいくつかの注意が必要です。また，火などを扱うので安全上大人の目が複数いります。そこで，保護者の方にも協力を願い，子どもたちと一緒につくっていただくことも大事かと思います。せっかくつくった野菜ですので，カレーに入れられない野菜は，サラダなどとして活用してはどうでしょうか。最後に，助けていただいた地域の農家の人に，野菜の活用報告をかねて，お礼の手紙を書いておくのもよいかと思います。

展開
　カレーづくりの手順を表にして，子どもの分担も書き入れておく。子どもたちの仕事分担として，「野菜洗い」「野菜切り」「野菜を炒める」「ルーづくり」「盛りつけ」「サラダづくり」などがあります。カレーづくりの当日の給食はストップしてもらいます。カレーづくりで保護者の方の協力を得るために，参観日などを利用するのもよいかと思います。地域の農家の方へのお礼状は，全員Ｂ５サイズ１枚ぐらいに書かせます。

◇下線部分はたいせつなところです。

1　収穫した野菜の活用方法を考えよう。

「たくさんの野菜ができました。この野菜を何に使いたいかみんなで考えましょう。」
　・野菜サラダにして食べたいな。
　・焼きイモにしたり，蒸して食べられるよ。
　・カレーライスの中に入れるのもおいしいよ。
　・煮てもいいけど，お母さんのようにはできないよね。
「それでは，賛成の多かったカレーライスづくりをしたいと思います。まず，グループをつくります。それから，カレーのつくり方や誰が何をするかもみんなで考えましょう。」

2　カレーづくりの手順確認や役割分担をしよう。

「どんな順番でカレーをつくりますか。」
　・まず，玉ねぎを炒めて，お肉を入れるよ。
　・ジャガイモも入れるよ。
　・よく煮たら，カレー粉を入れるんだよ。
「役割もみんなで分けてやります。どんな役がありますか。」
　・玉ねぎを切る役。目が痛くなるよ。
　・ジャガイモの皮をむく役。皮むき器があれば簡単だよ。
　・お肉を切る役。
　・玉ねぎを炒める役。
　・カレー粉を入れて，かき混ぜる役。

板書の留意点	仕事分担をわかりやすく表示する。

とれた野さいで　カレーを　つくろう

○かかりと　ぶんたん

①かわをむく	②きる	③いためる	④にる	⑤あじをつける
1ぱん	2はん	3ぱん	4ぱん	5はん

かたづけは　ぜんいんで！！

準備物
- カレーづくりの手順と役割分担の書かれた表
- カレーづくりのための材料，道具一式
- 地域の農家の人への礼状書き用カード

3　カレーをつくろう。

「それでは，カレーづくりを始めましょう。自分の仕事でわからないときは，先生や手伝っていただくお母さん方に聞いてくださいね。火を使いますから，やけどなどにも気をつけましょう。」
（家庭科室などで，給食のことも考えて行う。）
「おいしいカレーができました。皆さんで食べましょう。」

4　記録に残そう。

「楽しいカレーづくりになりました。楽しい思い出を記録カードに書いておきましょう。」
「つくった野菜の上手な使い方ができました。野菜づくりを助けてくれた地域の人にお礼の手紙も書いておきましょう。」
＜農家の人への手紙＞
＝農家の人へ，おいしい野菜ができ，みんなでカレーをつくって，食べました。みなさんに教えていただいたから野菜ができたと思います。ありがとうございました。＝

大きく　なあれ　わたしの　野さい

第10・11時 野さいのことをつたえよう（野菜新聞をつくろう）

本時の目標
自分が育てた野菜の収穫の喜びの思いや様子をまとめ、自分なりの方法で表現したり、伝えたりすることができる。

本時の学習にあたって

解説

長い間かかって育ててきた作物に対する思いを伝えるために新聞づくりをします。経験のない新聞づくりなので、紙面構成は模造紙の上にあらかじめどこに何を載せるかを考えさせて、丁寧に指導していく必要があります。何を載せるかが決まれば、模造紙に直接書かせるよりは、紙片に書いたものや絵などを貼らせていくほうが、失敗しても貼り替えれば済むので子どもも安心して作業ができます。発表会は参観日などを利用する手もあります。

展開

・模造紙の上に、載せたい文や絵の位置を決めます。
・B5程度の紙にかきたい文や絵を書きます。
・紙面構成に従って、紙片を置いてみます。
・紙片を適当な大きさに切って新聞のような体裁になるように構成します。
・紙片を貼りつけます。

◇下線部分はたいせつなところです。

1 新聞をつくるのに必要なものは何かな。

「収穫が終わったので、収穫した野菜ごとに新聞をつくりたいと思います。グループごとに分かれましょう。」
（このグループは、授業始めにつくったグループです。）
「新聞をつくるのに、どんなものが必要ですか。」
　・野菜カードが必要です。
　・初めに野菜を調べたものもいります。
　・絵や写真もあればいいと思います。
　・助けてもらった農家の人のお話もあればいいと思います。

2 記事や絵の紙面構成を話し合おう。

「新聞づくりを始める前に、どんなことを書きたいかグループごとで話し合ってください。」
＜トマトグループの話し合い＞
　・苗からだんだん大きくなっていく絵は描きたいね。
　・カラスにとられた記事も必ず入れようね。
　・○○ちゃんは絵が上手だから、絵を描いてよ。
　・みんなの一言も必ず入れようね。
　・実だけ大きく描いて絵も載せようよ。
　・とった実をどんなふうに食べたかそれも載せようよ。
　・おいしかったことも載せようね。

| 板書の留意点 | 新聞作製に必要な準備物と，掲載記事を明示する。 |

野さい　しんぶんを　つくろう

○しんぶんを　つくるのに　ひつような　もの
　・きろくカード
　・えや　しゃしん
　・のうかの　人の　おはなし

○記じに　したいこと（トマトグループ）
　・なえから　だんだん　大きく　なっていく　え
　・カラスに　とられた　こと
　・みんなの　ひとこと
　・とった　みを　どんなふうに　たべたか

板書列

準備物
・模造紙（半分の大きさ），Ｂ５用紙
・マジック　・定規　・野菜の実物
・記録カード　・写真
・農家の方のコメント　・絵の具　・色鉛筆
・クレヨン（クレパス）　・糊　・はさみ
・セロハンテープ

3　新聞をつくろう。

「それでは，新聞づくりを始めます。<u>つくる前に何かいるものや先生に用意してほしいものがあれば言ってください。</u>」
・マジックや定規，セロハンテープを貸してください。
・絵を描きたいので，野菜をください。
・写真もあれば，貼りたいのでください。
・農家の人の話があれば載せたいのでください。

4　できあがった新聞を発表しよう。

「いい新聞ができました。<u>自分がつくっていない作物についても知りたいので新聞発表会をします。</u>グループごとに新聞をもって前で発表してください。」
＜トマトグループの発表＞
「私たちのグループは，トマトがどのように大きくなっていくか絵でかきました。途中で，カラスに少し食べられました。そのことも載せました。農家の人に教えてもらったことも載せました。収穫の時，大きな実がなってみんなうれしかったことを一言ずつ載せています。食べておいしかったことも書いています。」

大きく　なあれ　わたしの　野さい

トマトの せわの し方

畑のじゅんび

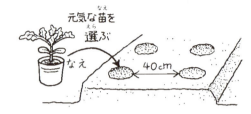

〈土づくり〉
苦土石灰と化成肥料をよくまぜた，うねをつくる。

うえつけ

根に土をつけたまま，苗をポットからはずし，あなに入れ，水をやる。

ていれ

〈ささえぼうをたてる〉
根にささらないように注意する。

〈わき芽をとる〉
わき芽はどんどんのびるので，はやめに指でとる。

ひ料 （追肥）

1回目→1段目の実が大きくなり始めたとき。
2回目→3段目の実が大きくなり始めたとき。

水やり

・うねの土がよくかわいていたり，からつゆのときは，水をやります。
・ま夏のあつイときは，1日に1かぶ1ℓ（リットル）の水をやります。

キュウリの せわの し方

畑のじゅんび

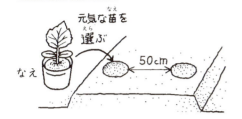

〈土づくり〉
苦土石灰と化成肥料をよくまぜた、うねをつくる。

プランターさいばい

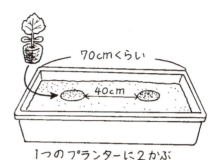

1つのプランターに2かぶ

ていれ

〈しちゅうをたてる〉

キュウリの花

実はめ花にできる。

ひ料

葉が大きく育っていたら追肥はいりませんが、月1回をめやすにする。

水やり

葉がかれたり、つやがなくなってきたら水不足です。朝か夕方にやりましょう。

しゅうかく

元気のある実をとりましょう。

〈元気のある実〉
- トゲがしっかりしていてさわると痛い
- イボが高い
- たてのみぞが深い

ナスの せわの し方

畑のじゅんび

苦土石灰と化成肥料をよくまぜたうねをつくる。

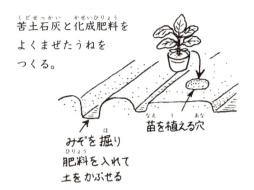

みぞを掘り肥料を入れて土をかぶせる
苗を植える穴

プランターさいばい

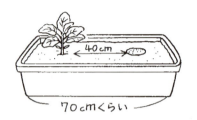

長さ70cmのプランターに40cmはなして2かぶうえる。

ていれ

一番花がさいたら，その下のわき芽だけをのこして，ぜんぶつみとる。3本だけえだをのばす。

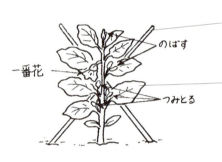

一番花
のばす
つみとる

えだがのびたらささえぼうをたてる。

大きくなってきたら，風とおしをよくするために葉をつみとる。

ひ料 （追肥）

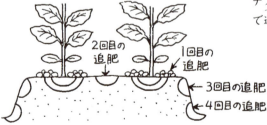

2回目の追肥
1回目の追肥
3回目の追肥
4回目の追肥

ナスはひ料がすきなので，2週間に1回のめやすで追肥する。根もとからだんだんはなしてやる。

水やり

水やりは週1～2回はする。水がたりないと育たない。うねにワラなどをしいておくとよい。

しゅうかく

夏から秋にかけて，しゅうかくできる。

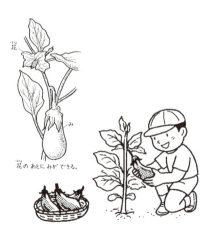

花
み
花のあとにみができる。

トウモロコシの せわの し方

畑のじゅんび

〈土づくり〉 ふよう土とあぶらかす,化成肥料をまぜたものを土にまぜる。

〈なえうえ〉

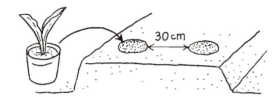

〈じかまき〉

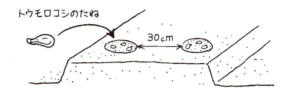

- はたけにちょくせつまいてもよくそだつ。
- 1かしょに3〜4つぶたねをまく。
- 本葉が出てきたらちいさい葉をとり,大きい葉をのこす。

※注意　たねには薬がついているので,さわった後は手をせっけんでよくあらっておく。

ていれ

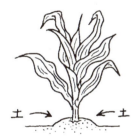

〈土よせ〉
かぶのまわりに土よせする。

ひ料（追肥）

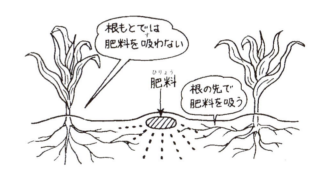

うねとうねの間にひ料をまき,土をかぶせる。

実ができるしくみ

お花の花粉がおちて
め花にかかり実ができる。

水やり

葉に元気がなかったら水をやります。

大きく なあれ わたしの 野さい

サツマイモの せわの し方

畑のじゅんび

苗（いもづる）
土は盛り上げる
腐葉土
30cmぐらいあけてうえる。

うえかた

ななめにうえる。

葉がついているところから発芽する。

ていれ

サツマイモは，うえてしまえば，ほとんどせわのいらない作物です。

2か月ほどで，イモが太りだす。つるのと中から出た根は切っておく。

小さいイモができている！

つるがのびすぎるといいイモができないので，つるを反対がわにひっくりがえす。イモのできをたしかめるため，少しほってみてみる。

しゅうかく

大きくなったかな？
できているよ！

- うえてから4か月以上たってから，ためしぼりをして太くなっていたらしゅうかくだ。
- イモの皮はやわらかくきずつきやすいのでていねいにほろう。

ダイズの せわの し方

苗づくり

ポットに 2〜3つぶまく。

4〜5日で芽が出る。

種をまいたら、土をしっかりかぶせる。(鳥にたべられる)

初葉

うえつけ

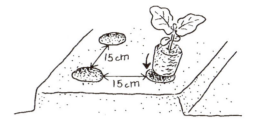
初葉がひらいたころ、15cmあけてうえる。

プランターさいばい（5かぶ うえる）

ひ料

入れなくてよい。

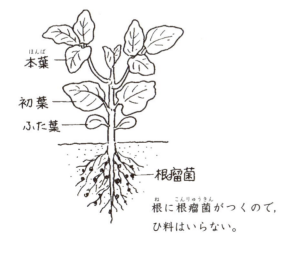
根に根瘤菌がつくので、ひ料はいらない。

しゅうかく

実がふくらんできたらきいろくならないうちに根ごとひきぬく。

大きく なあれ わたしの 野さい

ジャガイモの せわの し方

タネイモのつくり方

〈イモを切りわける〉 〈切りわけたタネイモ〉

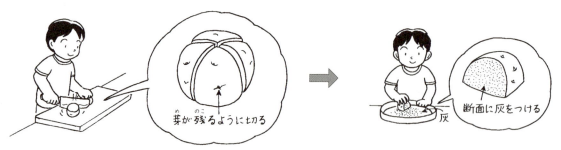

芽が残るように切る / 断面に灰をつける

タネイモをうえる

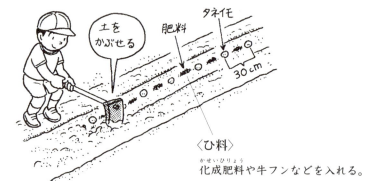

〈ひ料〉
化成肥料や牛フンなどを入れる。
イモにつかないように入れる。

ていれ

もり土をする。

うね土を4〜5cmもりあげる。
（イモがみどりになるのをふせぐ）

土の中のイモのようす

水やり

ほとんどやらなくてよい。

ひ料

追肥はいらない。

カボチャの せわの し方

畑のじゅんび

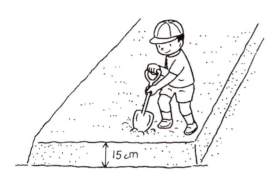

うねは高くして（15cmくらい），水はけがよい状態をたもとう。土に石灰，たい肥，化成肥料を入れてうねをつくる。

たねまき

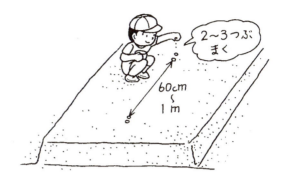

種は，5〜7日で芽がでる。本葉が3〜4枚出たら，小さい芽を取り，大きい芽はのこす。

ていれ

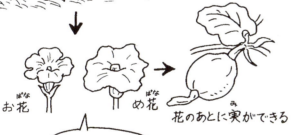

- ワラなどを，つるの下にしく。
- つるが大きくのび，広がるが，とくに茎（つる）を切ったりはしない。

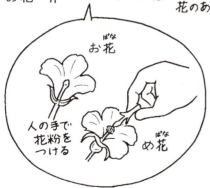

カボチャは花粉がめ花のめしべにつかないと実ができない。ふつうは，こん虫がしてくれるが，人の手でやるとうまくいく。早朝にするとよい。

大きく なあれ わたしの 野さい

わたしの　まちたんけん

全授業時数 5 時間

［学習にあたって］

　自分たちの生活は地域の自然や人びととかかわっていることに気づかせるのが単元全体のねらいになります。そのためには，子どもの目線でとらえた地域の自然や人びとの姿を教材にして実践を展開することが大切です。そうすることによって，地域に親しみをもち，知りたいことや見たいことが自然に子どもの中から生まれてくるでしょう。

　まず，クラスの友だちに教えてあげたいお気に入りの場所や人を発表させます。ただし，学校から歩いて行くことができる場所が条件です。子どもたちとその場所を確かめることができ，また，自分たちが暮らす地域への関心や町探検への意欲も高まります。また，子どもたち全員が，学校から目的地までのルートマップづくりも可能になります。

　発表で紹介されたお気に入りの場所の中で，クラス全員で行ってみたいところを選ばせます。子どもたちに探検に出かけたい場所を考えさせることによって，探検への目的意識が高まり，探検のめあてにもなります。

　探検後には，学校から探検場所までのルートマップづくりに取り組みます。小学校での初めての地図指導として，道と目印に絞って地図を表現させます。子どもたちの空間を広げる視点を育てていくためです。

　ルートマップづくりのはじめは，真ん中に学校をかいているだけです。まず，学校を出発して目的地に着くまでの道をかかせます。道は一本の線ではなく，二本の線でかかせます。どの道とどの道がつながっているか，どこで曲がっているかは子どもによって差が出てきます。道をかいた後で，自分で見つけた目印をかき込ませます。子どもの目線で見つけたユニークな目印が登場することでしょう。

　道が延びて，プリントをはみ出すようなことになれば，白紙のプリントをつなぎ合わせます。子どもがとらえた空間をめいっぱい表現させます。自分の住んでいる地域への愛着がもてるようになるでしょう。

［単元の目標と評価規準］

【関心・意欲・態度】	・自分たちが住む町を探検して，地域の自然やそこで暮らす人びととかかわり，自分の生活を広げようとする。
【思考・表現】	・探検したことをもとに地図に表現したり，探検した場所の様子をまわりの人に伝えることができる。
【気付き】	・町や自然のよいところ，町で暮らしたり働いたりしている人びとの様子に気づく。

[指導計画] 全5時間

次	時	本時の目標	学習活動
お気に入りの場所を教えてあげよう	1	クラスの友だちに教えてあげたいお気に入りの場所や人を紹介し合い，町探検への意欲を高める。	クラスの友だちに教えてあげたいお気に入りの場所や人をカードに書き，自分たちが暮らす地域への関心や町探検への意欲を高めていく。
まちたんけんの計画をたてよう	2	クラス全員で行ってみたいお気に入りの場所を絞り，探検のめあてをつくる。	お気に入りの場所の中で，クラス全員で行ってみたいところを絞らせる。なぜ行ってみたい場所なのかをじっくり考えさせることで，探検への目的意識を高める。
まちたんけんに行こう	3・4	クラス全員で決めた場所に出かけ，探検のめあてに沿って活動する。	町探検のめあてを確認し，探検に出かける。探検中は，学校から探検場所までどうやって行ったのかの道と目印を確認させていく。
まちたんけんで見つけたことを発表しよう	5	町探検で見つけたことを発表し，学校から目的地の公園までのルートマップをつくる。	道と目印をかいた学校から探検場所までのルートマップづくりに取り組む。全員が共通に歩いた道なので，ルートマップづくりは一斉に指導できる。

わたしの　まちたんけん

第1時 お気に入りの場所を教えてあげよう

本時の目標
クラスの友だちに教えてあげたいお気に入りの場所や人を紹介し合い，町探検への意欲を高める。

本時の学習にあたって

【解説】
自分たちの生活は地域の自然や人びととかかわっていることに気づかせるのが単元全体のねらいになります。そのためには，子どもの目線でとらえた地域の自然や人びとの姿を教材にして実践を展開することが大切です。そうすることによって，地域に親しみをもち，知りたいことや見たいことが自然に子どもの中から生まれてくるでしょう。

【展開】
クラスの友だちに教えてあげたいお気に入りの場所や人を発表させる時には，学校から歩いて行くことができる場所を条件にしましょう。子どもたちと確かめることができ，また，自分たちが暮らす地域への関心や町探検への意欲も高まります。また，子どもたち全員に，学校から目的地までをルートマップとして表現させることも可能になります。

✧下線部分はたいせつなところです。

---

1 学校のまわりにあるおもしろいものや不思議なものを発表しよう。

学校を中心にした校区の絵地図を黒板に貼る。

「地図の真ん中にあるのが学校です。（地図に指をさす）みんなが見つけた学校のまわりにあるおもしろいものや不思議なものは何ですか。」
・学校の門を出てすぐの溝には，ザリガニがいっぱいいる。
・学校の前に建っている家は大きい。

子どもたちが答えた場所を絵地図で確認していく。

2 学校のまわりで会う人を発表しよう。

「学校のまわりでよく会う人で，みんなに紹介したい人は誰ですか。」
・学校の近くのパン屋さんのおばさんはパンのおまけをしてくれる。
・とってもやさしいバスの運転手さんに会いました。
・交番にいるおまわりさんには毎日会います。

子どもたちが答えた人がどこにいるのかを絵地図で確認する。

| 板書の留意点 | 校区の絵地図を板書の中心にする。 |

おきにいりの ばしょや 人

- ザリガニの いる ところ
- パンやの おばさん

準備物
- 学校を中心にした校区の絵地図
- 発表カード
  『おしえてあげるよ こんな ばしょ カード』

3 友だちに教えてあげたいお気に入りの場所や人を見つけよう。

「学校のまわりには,おもしろいものや不思議なもの,いつもよく出会う人がいます。では,これからクラスのみんなに教えてあげたいお気に入りの場所や人を見つけてもらいたいと思います。」
・えっ,そんなのないよ。

「隣の席の人やグループの人たちと相談してもいいですよ。探してみてください。」

4 友だちに教えてあげたいお気に入りの場所や人をカードに書こう。

『おしえてあげるよ こんな ばしょ カード』を配る。

「これから友だちに教えてあげたいお気に入りの場所や人をカードに書きます。ただし,お気に入りの場所や人は,学校から歩いて行くことができるところにしてください。みんなで行ってみたい場所が見つかれば行こうと思います。」

わたしの まちたんけん

第2時 まちたんけんの計画をたてよう

本時の目標
クラス全員で行ってみたいお気に入りの場所を絞り，探検のめあてをつくる。

本時の学習にあたって

解説
前時に書いたお気に入りの場所を，まず3～4人のグループごとに発表させます。そのうえで，グループごとに行きたい場所を1つに絞らせます。ここで大切にしたいのは，なぜクラス全員で行ってみたい場所なのかをじっくり考えさせることです。子どもたちが考えた内容は，探検場所を絞る基準になります。子どもたちにじっくり考えさせることによって，探検への目的意識が高まり，探検のめあてにもなります。

留意点
子どもたち全員を連れて出かける町探検の場所を選ぶ時には，安全面での配慮が必要です。子どもたちの意志を尊重しつつ，安全面での配慮を保つために，事前に保護者の協力を呼びかけておくとよいでしょう。

◇下線部分はたいせつなところです。

1 お気に入りの場所を発表しよう。

4人のグループになる。

「4人グループになりましょう。前の時間に書いた『おしえてあげるよ　こんな　ばしょ　カード』を順番に発表してもらいます。4人全員の発表が終わったら，みんなで行ってみたい場所をグループごとに1つ選んでください。後で発表してもらいます。」

2 クラスのみんなで行ってみたいところはどこかな。

「グループごとに，クラス全員で行ってみたいお気に入りの場所を選んでくれたと思います。1グループから順に発表してください。」
1グループ＝夏になるとホタルが飛んでいる川。
2グループ＝町がよく見える公園。
3グループ＝遊びに行くと，よくお菓子をくれるまあちゃんのおばあちゃんに会いたい。
4グループ＝学校から一番近くにあるひとしさんのお家。

| 板書の留意点 | 発表を終えたグループのカードから貼っていく。 |

まちたんけんの けいかく

1グループ　　2グループ　　3グループ　　4グループ

〈めあて〉
・いくまでの みちを おぼえる
・みんなで あそぶ

〈板書例〉

準備物
・『おしえてあげるよ こんな ばしょ カード』
・『まちたんけん カード』

3　なぜクラスのみんなで行ってみたいのかを考えよう。

「どうして，クラス全員で行ってみたいと思いましたか。」
1グループ＝ホタルを見てみたいから。
2グループ＝公園に行ったら，みんなで遊べるから。
3グループ＝友だちのおばあちゃんに会えるし，お菓子ももらえるから。
4グループ＝学校から歩いてすぐだし，知っていたらいつでも遊びに行けるから。
「行ってみたい理由もわかったので，クラス全員で探検したい場所を順番に選びます。行ってみたい場所はどこですか。」

4　探検のめあてをつくろう。

「次の生活の時間は探検に出かけます。探検する場所が『町がよく見える公園』に決まったので，めあてをつくりましょう。どんなめあてがいいですか。」
　・公園までの道を覚える。
　・公園に着いたら，みんなで楽しく遊ぶ。
『まちたんけん カード』を配る。
「『まちたんけん カード』に，みんなで決めた探検のめあてを書きましょう。」
　次の授業で「たんけんしたところ」以降の項目を記入するので,『まちたんけん カード』は，授業の後に回収しておく。

わたしの まちたんけん　67

第3・4時 まちたんけんに行こう

本時の目標
クラス全員で決めた場所に出かけ，探検のめあてに沿って活動する。

本時の学習にあたって

事前の準備
子どもたちを連れて出かけるまち探検には，安全面での配慮は欠かせません。事前に保護者への協力を呼びかけ，探検場所までの道や探検場所に立ってもらうとよいでしょう。

展開
町探検のめあてを確認し，子どもたちに探検の目的を意識化させることが大切です。そのうえで，探検後に，学校から探検場所までのルートマップづくりに取り組みます。<u>小学校での初めての地図指導として，道と目印に絞って地図を表現させます。</u>子どもたちの空間を広げる視点を育てていくためです。

※下線部分はたいせつなところです。

1 探検のめあて，安全やマナーについて確かめましょう。

『まちたんけん　カード』を配る。
「今日は町探検に出かけます。探検のめあては何でしたか。」
・公園に行く道を覚える。
・公園ではみんなで一緒に遊ぶ。

「学校から公園に行くまでに気をつけることは何ですか。」
・車に気をつける。
・道路はきちんと並んで歩く。

2 探検場所までの道を覚えましょう。

「では，出発します。<u>学校から公園までの道を覚えましょう。まず，どこで曲がったかを覚えておく</u>といいですね。」
・あの信号を左に曲がって…。
・左に曲がって，次は右に曲がって…。

「次は，<u>目印になるものを探す</u>といいですね。どんなものがいいですか。」
・動かないものがいい。
・目立つものがいい。
・曲がるときにコンビニがあった。

板書の留意点

板書例

まちたんけんに 行こう

〈めあて〉
- みちを おぼえる
- みんなで いっしょに あそぶ

準備物
- 『まちたんけん カード』(前時に使用したもの)

---

3 探検場所で活動しましょう。

「探検場所の公園に着きました。公園から町が見えますか。」
- うわぁ、よく見える。

「公園にはおもしろそうな遊具があります。みんなで遊具を使って遊びましょう。」
- 大きなすべり台!
- ブランコもある。
- みんなで鬼ごっこがしたいなあ。

4 『まちたんけん カード』を書きましょう。

「町探検は楽しかったですか。何が心に残りましたか。」
- 公園の大きなすべり台で遊んだこと。
- 公園に行くまでに大きなマンションがあった。あきらさんが住んでいるところだよ。

「では、まち探検で見つけたものを絵や文にかきましょう。」

　前時で使用した『まちたんけん カード』の残りの部分を書かせる。

わたしの まちたんけん

第5時 まちたんけんで見つけたことを発表しよう

本時の目標
町探検で見つけたことを発表し，学校から目的地の公園までのルートマップをつくる。

本時の学習にあたって

展開

学校から探検場所の公園までのルートマップづくりに取り組みます。全員が共通に歩いた道なので，ルートマップづくりは一斉に指導できます。子どもたちがルートマップに表現するのは，道と目印です。道をどのように表現するか，どんな目印をかき入れるかで，その子の空間の広がりがどの程度であるかを推し量ることができます。

子どもたちに配る探検地図は，真ん中に学校をかいているだけです。学校を出発して，目的地の公園に着くまでの道をかかせます。道は一本の線ではなく，二本の線でかかせます。どの道とどの道がつながっているか，どこで曲がっているかは子どもによって差が出てきます。道をかいた後で，自分で見つけた目印をかき込ませます。子どもの目線で見つけたユニークな目印が登場するでしょう。

道が延びて，プリントをはみ出すことになれば，白紙のプリントをつなぎ合わせるとよいです。子どもがとらえた空間をめいっぱい表現させたいものです。

⇨下線部分はたいせつなところです。

1 『まちたんけん カード』を発表しよう。

4人グループになる。
「前の時間は，クラスみんなで町探検に出かけました。何か，おもしろいものを見つけましたか。」
・見つけた。

「見つけたことを『まちたんけん カード』に書きましたね。『まちたんけん カード』をグループの友だちに見せて，見つけたことを発表してください。」
・マンションの横の川でカエルを見つけた。
・公園にはタンポポがいっぱい咲いていました。

2 学校から公園までの道をかこう。

白いプリントを配る。
「プリントの真ん中に，今みんながいる学校をかきましょう。」
「これから，学校を出発して，みんなで行った公園までの道をかいていきます。道は一本の線ではなく，二本の線でかきます。また，曲がったところがわかるように道をかいてください。」

「道をかいていて，プリントにかききれなくなった時は先生に言ってください。プリントをつけたします。」

| 板書の留意点 | 「たんけん　ちず」に道と目印をかきながら説明する。 |

準備物
- 『まちたんけん　カード』
- B4サイズの白いプリント（人数分）

3 学校から公園までの道で見つけた目印をかこう。

「学校から公園までの道がかけましたね。では，次に目印をかいていきます。目印になるようなものを見つけましたか。」
- 見つけた。コンビニがあった。
- 道に車が止まっていた。

「道に止まっている車は目印になりますか。」
- 車が止まっていても，どこかへ行ってしまったら困る。
- 目印は動かないものがいい。

4 もっと探検したいところを出し合おう。

「学校から公園までの地図ができあがりました。これで，隣のクラスの友だちに見せてあげて，町が見える公園を紹介することもできますね。」
- 見せてあげたいな。

「今回は公園を探検するために出かけましたが，他にみんなで探検した場所はありますか。」
- もう少ししたら，ホタルのいる川に行って，ホタルが飛んでいるのを見てみたい。
- ひとしさんのお家はすぐに行けるから，行ってみようっと。

生きもの　なかよし　大作せん

全授業時数 9 時間

［学習にあたって］

　2年生が動物とのふれあいをする機会をもつことは，高学年での生物にかかわる学びを豊かなものにするという点で大切です。

　カエルは，背骨のある動物で，水中生活が主ですが，陸にもあがることができます。ヒトも背骨のある動物である哺乳類の1つです。ヒトを生きものとして理解するために，背骨のある動物であるカエルを認識しておくことは大切なことです。

　昆虫の体の特徴（体は頭・胸・腹。足は6本など）や変態していくことを学ぶうえで，1・2年生の時に昆虫とふれておくことは大切なことです。

　1927年にウシガエルの餌用として日本にもちこまれ，全国に広がったアメリカザリガニや田や小川でよく見かけるトノサマガエルは，子どもたちになじみの深い生きものです。トノサマガエルは4～6月になると，オスは田んぼなどに集まり，夜，大きな声で鳴きます。飛んでいるトンボも子どもたちにとって，魅力的な生きものです。シオカラトンボは，平地から低い山にいて，池や沼，田んぼや公園の池などにすんでいます。ナミアゲハもミカン科の植物を食草としていますので，子どもたちにとっては見つけやすい生きものです。

　これらの生きものを，子どもたちが，2週間～1か月ぐらいの短期間ですが，飼育することができます。教室でする飼育の方法を学び，飼育をします。視点は，食べものとすみかです。

　ザリガニは，雑食性ですので，ソーセージ，にぼし，食パン，はくさいなどが餌になります。水中生活をしていますので，水槽に水草などを植えて，水を入れます。ザリガニのつめは鋭いので，はさまれないためには，つめをたてている後ろの体を指ではさめばいいことを子どもたちは学ぶでしょう。

　田んぼにいるおたまじゃくしをつかまえます。ここ2～3年，おたまじゃくしを見かける機会が少なくなっています。田植えがすむと，除草剤がまかれるために，おたまじゃくしが減っているようです。おたまじゃくしを見つけたら教えてくれるように他の人に頼んでおきましょう。カエルも雑食性ですので，食パンやかつおぶし，にぼし，ほうれんそうなどを餌として入れてやります。おたまじゃくしは水中生活で，カエルは水中生活が主で，陸上にも上がりますので，水槽に土や砂を入れ，陸地をつくります。水草も入れてあげるといいです。カエルを飼育していますと，逃げ出すこともあります。この時に，カエルは前に飛び出します。だから，子どもたちは，カエルの前に手を出すとつかまえることができることを，経験的に身につけていきます。

　やごは，プール掃除の時に見つけるようにしましょう。やごは水中生活をする生きものです。プラスチックの入れ物に水を入れてやりましょう。やごの餌は，ミミズやイトミミズ，あかむしです。成虫になるときに，草にのぼり，やごの体から，頭・胸・はらが出てきます。そして，翅を広げて，草につかまっています。だから，やごが成虫になる前に，木の枝を立てましょう。

　アゲハの幼虫は，ミカンやカラタチ，サンショウの葉を食べます。飼育箱にミカンなどの葉を入れて飼育します。糞もたくさん出しますので，葉を追加するときには，飼育箱の中を掃除してあげましょう。アゲハをつかまえるためには，飛んでいるアゲハより葉や花に止まっているアゲハをつかまえようと話してあげましょう。

[単元の目標と評価規準]

【関心・意欲・態度】	アゲハやモンシロチョウ, おたまじゃくしやカタツムリ, ザリガニ, ダンゴムシ, やごを見つけ, 育てようと意欲的に取り組むことができ, 1年生やお家の人に見てもらう取り組みをすることができる。
【思考・表現】	ザリガニやおたまじゃくし, やご, アゲハを育てていることを新聞や物語に表現することができる。つくった新聞や物語は1年生やお家の人に見てもらう。
【気付き】	ザリガニは, 水草や貝, ミミズ, 昆虫などを食べることを知り, 育てることができる。おたまじゃくしやアゲハの幼虫の食べものを知り, それぞれ水槽, 虫かごに入れ, 育てることができる。

[指導計画] 全9時間

次	時	本時の目標	学習活動
生きものをさがしに行こう	1	アゲハやモンシロチョウを見つけることができる。	アゲハが飛んでいたり花の蜜を吸っていたりするところを見つける。モンシロチョウが飛んでいたり花の蜜を吸っているところを見つける。
	2	おたまじゃくしやカタツムリ, ザリガニ, ダンゴムシ, やごを見つけることができる。	おたまじゃくしを見つける。見つけたら, 記録をする。カタツムリを見つける。ザリガニを見つける。ダンゴムシ, やごを見つける。
生きものをつかまえよう	3	アゲハやザリガニを見つけ, つかまえることができる。	アゲハを見つけ, つかまえる。ザリガニを見つけ, つかまえる。
	4	おたまじゃくしやダンゴムシ, やごを見つけ, つかまえることができる。	おたまじゃくしを見つけ, つかまえる。ダンゴムシを見つけ, つかまえる。やごを見つける。
生きものをそだてよう	5	ザリガニは, 水草や貝, ミミズ, 昆虫などを食べることを知り, 育てることができる。	ザリガニの食べものを調べる。ザリガニを育てる。ザリガニのはさみを調べる。ザリガニの殻を脱ぐところを見つける。
	6	おたまじゃくしやアゲハの幼虫, ダンゴムシの食べものを知り, それぞれ水槽, 虫かごに入れ, 育てることができる。	おたまじゃくしの食べものを調べる。おたまじゃくしを育てる。アゲハの幼虫の食べものを調べる。アゲハの幼虫を育てる。ダンゴムシを育てる。
生きもの広場にしょうたいしよう	7・8・9	ザリガニやおたまじゃくし, やご, アゲハを育てている広場をつくり, 1年生や家の人に見てもらう。ザリガニやおたまじゃくし, やご, アゲハの新聞や物語をつくることができる。生きものを育てたり, もとの場所に返すか相談をする。	生きもの広場を開く計画を立て, 準備する。育てているザリガニやおたまじゃくし, ダンゴムシ, やご, アゲハの新聞や物語をつくる。生きもの広場を開く。生きものを育て続けるか, もとの所へ返すか相談をする。

第1時 生きものをさがしに行こう(1)

本時の目標
アゲハやモンシロチョウを見つけることができる。

本時の学習にあたって

解説
　春から夏にかけて，花を咲かせている畑では，アゲハやモンシロチョウも見かけることができます。キャベツ畑では，モンシロチョウをよく見かけます。ミカンやサンショウの木が生えているところでは，アゲハを見かけることもあります。ひらひらと上手に飛びますので，子どもたちには人気のある昆虫です。花の蜜を吸うために口を伸ばしている様子も見かけることができます。

展開
　アゲハやモンシロチョウを見つけたことの経験を発表させます。そして，花の蜜を吸っているところを見つけたことも発表させましょう。授業後にも，見つけたアゲハやモンシロチョウをつかまえるための網も用意しておきます。

留意点
　授業前に，子どもたちに，アゲハやモンシロチョウを見つけたことの経験を授業中に発表できるように伝えておきましょう。

✧下線部分はたいせつなところです。

1　アゲハが飛んでいるのを見つけよう。

「アゲハを見つけましたか。」
- アゲハの翅はよく目立つから，すぐ見つけられるよ。
- ミカンの木の近くで見たよ。
- ひらひらと飛んでいたよ。
- 2〜3匹が一緒になって飛んでいたよ。

2　アゲハが花の蜜を吸っているところを見つけよう。

「アゲハが花の蜜を吸っているところを見たことがありますか。」
- 花に止まって，蜜を吸っていたよ。
- よく見ると，細長い管のようなものを伸ばしていたよ。

　ナミアゲハのオスメスは腹部先端の形で区別できるが，外見からはあまりわからない。ただし，メスは産卵のためにミカン科植物に集まるので，それらの植物の周囲を飛び回っている個体はメスの確立が高い。

板書の留意点

生きものを さがしに 行こう

アゲハ	モンシロチョウ
はねは よく目だつ ミカンの木の ちかくに いた ひらひらと とんでいた 花にとまって，みつを すっていた	はねが 白い アブラナの 花が さいている 　ところに いた 2ひきで たのしそうに とんでいた 花が さいている ところに

準備物
- アゲハやモンシロチョウを見つけた経験を発表できる準備
- アゲハやモンシロチョウが花の蜜を吸っているところを見つけた経験を話せる準備

3　モンシロチョウが飛んでいるのを見つけよう。

「モンシロチョウが飛んでいるところを見たことがありますか。」
- 翅が白く，すぐ見つけられるよ。
- アブラナの花が咲いているところで見たよ。
- 2匹で楽しそうに飛んでいたのも見たよ。

　モンシロチョウのオスはメスを見つけると追いかけて交尾を行う。モンシロチョウを観察すると2匹〜数匹がかたまって飛んでいるのがよく見かけられるが，これは1匹のメスを複数のオスが追いかけている場合が多い。

4　モンシロチョウが花の蜜を吸っているところを見つけよう。

「モンシロチョウが花に止まっているところを見ましたか。」
- 花が咲いているところで，たくさん飛んでいるよ。
- 花の蜜を吸おうとしてるんだよ。
- モンシロチョウも細い管を伸ばして，花の蜜を吸っているところを見たことがあるよ。

「花の蜜を食べものにしているのですね。」

第2時 生きものをさがしに行こう(2)

本時の目標
おたまじゃくしやカタツムリ,ザリガニ,やごを見つけることができる。

本時の学習にあたって

解説
昆虫以外の動物とのふれあいで,おたまじゃくしやザリガニ,カタツムリ,ダンゴムシ,やごのふれあいは,子どもたちにとって大切な役割をします。大きさも子どもたちが親しむにふさわしいと言えます。子どもたちが,見つけた動物について,交流していくことが大切です。子どもたちの経験が,授業中に発表されるようにしましょう。

展開
おたまじゃくしやザリガニ,カタツムリ,ダンゴムシ,やごを見つけた時の経験を発表させましょう。見つけた時に,つかまえることができるように,網や缶,バケツを用意しておきましょう。

留意点
事前に,おたまじゃくしやカタツムリ,ダンゴムシ,やごを見つけたことのある経験を授業中に発表できるように呼びかけておきましょう。

⊕下線部分はたいせつなところです。

1 おたまじゃくしを見つけよう。見つけたら,記録をしよう。

「おたまじゃくしを見つけたいと思います。どんな所で見つけましたか。」
・田植えがすんだ田んぼで見かけたよ。
・小さな水たまりにいたよ。

「おたまじゃくしを見つけたら,泳いでいるところを絵にかいておきましょう。」
・ノートにかいておきます。

2 カタツムリを見つけよう。

「カタツムリを見つけたことがありますか。」
・アジサイの葉の上にいるのを見たことがあるよ。
・コンクリートの塀を歩いているカタツムリを見たことがあるよ。

「カタツムリを飼ったことのある人はいませんか。」
・去年,びんにキャベツやニンジンを入れて,カタツムリを飼っていたよ。
・そう,ニンジンを食べると,オレンジ色の糞をしたよ。

板書の留意点

生きものを さがしに 行こう

おたまじゃくし　　　　カタツムリ

・田んぼにいた　　　　・コンクリートのへい
・水たまり　　　　　　・アジサイのは

板書例

おたまじゃくし　　カタツムリ
おたまじゃくし　　ダンゴムシ

準備物
・スケッチやメモのためのノート
・おたまじゃくしやカタツムリ，ザリガニ，やごを見つけた時の経験を話す準備
・おたまじゃくしをすくうための網　・カタツムリを入れておく入れもの（のりの缶など）・ザリガニを入れておくためのバケツなど　・ダンゴムシを入れる虫かご

3　ザリガニを見つけよう。

「ザリガニを見つけたことがありますか。」
・小川で見かけたよ。
・小さな川で，お父さんとスルメを餌にして，釣ったことがあるよ。
「うまく見つけられましたね。」
・スルメのついた糸をたらすと，はさみでスルメをはさんでいたよ。
・私もザリガニをつかまえたいな。

4　ダンゴムシ，やごを見つけよう。

「ダンゴムシを見つけましょう。草や石の陰にいますよ。」
・草原で見つけたことがあるよ。
「やごを見つけたいと思います。近く，プール掃除が行われます。夏のプール指導に向けて，高学年の人たちが掃除をしてくれます。この時に，プールにいる，トンボの幼虫，やごがいるそうです。お兄さんやお姉さんにとっておいてもらいましょうね。」
・楽しみです。
・小川で見つけたという人の話を聞きました。
「小川にいるやごを見つけてみましょう。」

生きもの　なかよし　大作せん

第3時 生きものをつかまえよう(1)

本時の目標
アゲハやザリガニを見つけ，つかまえることができる。

本時の学習にあたって

【解説】
アゲハをつかまえるためには，飛んでいるアゲハより葉や花に止まっているアゲハをつかまえようと話してあげましょう。ザリガニは，尾っぽを丸めて，後ろにも動くことを教えてあげましょう。

【展開】
アゲハやザリガニを見つけたら，網を使ってつかまえます。そして，アゲハは昆虫用のかごに，ザリガニはバケツに入れましょう。

【留意点】
転んだりしてけがをしないように気をつけましょう。また，マムシなどの危険な動物がいないかを確かめましょう。擦り傷などのけがをした時には，すぐに治療をしましょう。

◇下線部分はたいせつなところです。

1 アゲハを見つけよう。

「この前，アゲハを見つけましたね。」
- 2，3匹一緒なって，飛んでいるところを見たよ。
- ミカンの木やサンショウの木の近くを飛んでいたよ。

2 アゲハをつかまえよう。

「そのアゲハを昆虫をつかまえるための網でつかまえてみましょう。つかまえられたら，昆虫用のかごに入れておきましょう。」

まわりの人に気をつけながら，アゲハをつかまえます。

「飛んでいるアゲハより，葉や花に止まっているアゲハの方が，つかまえやすいですよ。」
- 静かに近寄らないと，すぐ逃げてしまうね。

板書の留意点

板書例

生きものを つかまえよう

アゲハ

こん虫を つかまえる あみ

とんでいるアゲハより，はや花に とまっている アゲハの ほうが つかまえやすい

ザリガニ

さかなとりようの あみ

はさみに はさまれない ように きを つける

アゲハの成虫

アゲハ

準備物
- 捕虫網
- 魚取り用の網
- スルメをつけた糸を巻きつけている棒
- ザリガニを入れるためのバケツ

3 ザリガニを見つけよう。

「この前にザリガニをつかまえましたね。」
- はさみにはさまれないようにして，ザリガニをつかめたよ。
- はさまれると痛いので，気をつけてつかまえたよ。
- 小川で動いているのを見たよ。

4 ザリガニをつかまえよう。

「さあ，ザリガニを魚取り用の網でつかまえましょう。」
- つかまえたら，バケツに入れたらいいね。
- 逃げないのかな。

　ザリガニは，手や網だけではなく，餌になるスルメを糸で巻きつけた棒でつかまえることもできます。
「尾っぽをうまく使って，後ろにも動いています。」
- ザリガニの動きに合わせるとつかまえやすそうだね。

生きもの なかよし 大作せん

第4時 生きものを つかまえよう(2)

本時の目標
おたまじゃくしやダンゴムシ，やごを見つけ，つかまえることができる。

本時の学習にあたって

【解説】
田んぼにいるおたまじゃくしをつかまえます。ここ2～3年，おたまじゃくしを見かける機会が少なくなっています。田植えがすむと，除草剤をまかれるために，おたまじゃくしが減っているようです。おたまじゃくしを見つけたら教えてくれるように他の人に頼んでおきましょう。ダンゴムシは草の中や石の下にいますので，見つけやすいです。毒などをもっていないダンゴムシですので，子どもにも安全です。やごは，プール掃除の時に見つけるようにしましょう。

【展開】
おたまじゃくしを見つけたら，魚取り用の網でつかまえます。そして，バケツに入れます。ダンゴムシは，草のはえているところでもよく見かけることがあります。プール掃除の時に，やごを見つけ，網ですくって，バケツに入れてくれるように，高学年の人に頼んでおきましょう。

【留意点】
おたまじゃくは，農家の人などに「見つけたら，教えてください。」と頼んでおきましょう。

※下線部分はたいせつなところです。

1 おたまじゃくしを見つけよう。

「おたまじゃくしをどんな所で見つけましたか。」
・田植えがすんだ田んぼで見かけたよ。
・小さな水たまりにいたよ。

多くの種が静かな淡水に生息する。流れのある所に生息するものや，渓流に棲むものもある。日本ではカジカガエルやナガレヒキガエルが渓流に生息するが，それらのおたまじゃくしは口が吸盤になっており，岩に張りついて流されないようになっている。

2 おたまじゃくしをつかまえよう。

「おたまじゃくしを見つけたら，魚取り用の網でつかまえ，バケツに入れましょう。」

日本では，大抵どこでも，いつであろうとも，何らかの種のカエルの幼生，おたまじゃくしを見ることができる。これは，当然ながらカエルの産卵時期に連動している。真冬にはヒキガエルやアカガエルが産卵し，春にはシュレーゲルアオガエル，初夏には多くのカエルが産卵する。

板書の留意点

学校の はるを 見つけよう

おたまじゃくし

○見つけたところ
　田んぼ，水たまり

ダンゴムシ

○見つけたところ
　くさの中，石の下

ころころ　ころがるくらい
まるくなる

準備物
・魚取り用の網
・バケツ
・ダンゴムシを入れる虫かご

3　ダンゴムシをつかまえよう。

「ダンゴムシをつかまえましょう。草の中や石の下にいますよ。つかまえることができたら，虫かごに入れておきましょう。」
（ダンゴムシをつかまえている。）

　ダンゴムシとは，ワラジムシ目（等脚目）の動物のうち，陸生で刺激を受けると丸くなる習性をもつものを指す。一般に「ダンゴムシ」と呼ばれるものはオカダンゴムシである。
　広意の土壌に生息して分解者の役目を担っており，土壌形成上一定の役割を果たしているものと考えられており，食生と生態から自然界の分解者という要素が強い。

4　ダンゴムシを観察しよう。

「ダンゴムシは，ころころ転がるぐらい丸まりますので，おもしろいですよ。」
　・よくつかめていましたよ。
「ダンゴムシは，落ち葉などを食べるそうです。そして，土を豊かにしてくれるそうです。」
　・ダンゴムシの丸まるところをよく観察しよう。
　・虫かごの中でよく動いているよ。

第5時 生きものをそだてよう(1)

本時の目標
ザリガニは，水草や貝，ミミズ，昆虫などを食べることを知り，育てることができる。

本時の学習にあたって

解説
ザリガニは，雑食性です。ザリガニは，水草や貝，ミミズ，昆虫などを食べます。ザリガニを育てるために，水槽を用意します。水槽の底に砂や土を入れ，隠れ家になる植木鉢などを置きます。餌には，ソーセージやにぼし，食パン，はくさいを用意します。ザリガニの鋭いはさみや脱皮の観察をしましょう。

展開
ザリガニの食べものを調べ，ザリガニを育てる用意をします。水槽に砂や土を入れ，1日汲み置きした水も水槽に入れます。餌になるソーセージやにぼし，食パン，はくさいも入れ，ザリガニを観察していきます。

留意点
ザリガニを育てるための水槽や砂，餌を用意しておきましょう。

◇下線部分はたいせつなところです。

1 ザリガニの食べものを調べよう。

「ザリガニの食べものを調べましょう。」
- ザリガニは，雑食性だそうです。
- 水草や貝，ミミズ，昆虫などを食べるそうです。

2 ザリガニを育てよう。

「ザリガニを飼ってみましょう。」
- 飼ってみたいです。

「水槽に，1日汲み置きした水を入れましょう。」
- どうして，汲み置きした方がいいのですか。
- どのくらいの水を入れたらいいのかな。

「水道水を消毒したくすりをなくすために，汲み置きしておきます。鉢植えの鉢などを水槽に入れて，隠れ家になるところをつくりましょう。」

「餌には，ソーセージやにぼし，食パン，はくさいを入れましょう。」

板書の留意点

ザリガニ

○かんさつしよう

食べ物　　　　　はさみ

・水草
・貝
・ミミズ
・こんちゅう

準備物
・ザリガニ　・水槽　・1日汲み置きした水
・ソーセージやにぼし　・食パン　・はくさい

3　ザリガニのはさみを調べよう。

「ザリガニのはさみを観察しましょう。」
　・大きいです。
　・はさまれると痛そうです。

4　ザリガニの殻を脱ぐところを見つけよう。

「ザリガニは，殻を脱いで大きくなっていくそうです。殻を脱いでいるところを見つけてみましょう。」
　・脱皮したばかりのザリガニは体が柔らかいので他のザリガニに食べられやすいので，他のザリガニと分けて水槽に入れた方がいいそうです。

生きもの　なかよし　大作せん

第6時 生きものをそだてよう(2)

本時の目標

おたまじゃくしやアゲハの幼虫，ダンゴムシの食べものを知り，それぞれ水槽，虫かごに入れ，育てることができる。

本時の学習にあたって

解説

おたまじゃくしの食べものは，雑食性なので，身近にあるゆで卵，ごはんつぶ，ふ，ゆでたほうれんそう，にぼし，パン，かつおぶしなどです。おたまじゃくしを見つけた田んぼの環境に合わせて，水槽に深さ5cmぐらいの水を入れ，水草を植えます。
ナミアゲハの幼虫は，ミカンの葉で見つけることができます。ナミアゲハの幼虫はミカンの葉を食べます。虫かごにミカンの葉を入れ，幼虫を入れましょう。

展開

おたまじゃくしの食べものを調べ，水槽を用意します。
ナミアゲハの幼虫の食べものを調べ，虫かごで育てるようにします。

◇下線部分はたいせつなところです。

1 おたまじゃくしの餌を調べよう。

「おたまじゃくしの餌を調べましょう。」
・パソコンで調べると，『おたまじゃくしは雑食性です』って説明していたよ。
・ゆで卵やごはんつぶ，ふ，ゆでたほうれんそう，煮干し，パン，かつおぶしなどを食べるそうです。

2 おたまじゃくしを育てよう。

「キンギョ用の水槽に入れて，おたまじゃくしを飼ってみましょう。」
・田んぼで見つけたから，水の深さは，5cmぐらいでいいかな。
・本当の田んぼみたいにするんだね。
「おたまじゃくしの水槽に入れる水は，2日ほど汲み置きしたものを使いましょう。水槽の底に泥か砂を敷き，水草を植えて，浮き草を入れるといいですよ。」

板書の留意点

おたまじゃくし　　　アゲハのよう虫

食べもの　　　　　　食べもの
- 水草　　　　　　　・ミカンのは
- ゆでたまご
- ごはんつぶ
- ふ

　　　など

板書例

アゲハの幼虫　　つのを出すアゲハの幼虫
アゲハの幼虫の体　卵からかえった幼虫

準備物
・おたまじゃくし　・キンギョ用の水槽　・水
・泥か砂　・水草
・ナミアゲハ　・虫かご　・ミカンの葉

---

3 アゲハの幼虫の食べものを調べよう。
　　 アゲハの幼虫を育てよう。

「ナミアゲハの幼虫の食べものを調べましょう。」
　・ミカンの葉にいたから，ミカンの葉を食べるのかなあ。
　・ミカンの葉以外にも，何か食べているものあるのかな。
　・図鑑で調べてみよう。
「幼虫は，黒褐色の一齢幼虫が脱皮して，イモムシ形の二齢幼虫になり，三齢幼虫，四齢幼虫となり，4回目の脱皮をすると体長5cmほどの五齢幼虫になるそうです。」

4 アゲハの幼虫を育てよう。

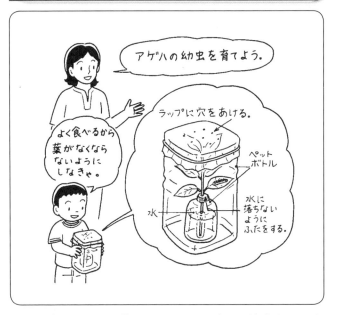

「虫かごにミカンの葉を入れて，アゲハの幼虫を入れましょう。」
　・アゲハは，ミカンの葉を食べるんだね。
　・他に虫かごに入れるものないかな。

第7・8・9時 生きもの広場にしょうたいしよう

本時の目標

ザリガニやおたまじゃくし，ダンゴムシ，アゲハを育てている広場をつくり，1年生やお家の人に見てもらう。ザリガニやおたまじゃくし，ダンゴムシ，アゲハの新聞や物語をつくることができる。
生きものを育てたり，もとの場所に返すか相談をする。

本時の学習にあたって

解説
　飼育しているザリガニやおたまじゃくし，ダンゴムシ，アゲハについて，新聞や物語にして，1年生やお家の人に説明をする機会をもちます。
　そして，育てていた生きものをもとの場所に放してやるか，育て続けるかを話し合えるようにします。

展開
　生きもの広場をつくる計画を立て準備をします。
　1年生やお家の人を迎えて，育てている，ザリガニやおたまじゃくし，ダンゴムシ，アゲハの新聞や物語をつくります。そして，1年生やお家の人に説明をします。広場が終わったら，ザリガニやおたまじゃくし，ダンゴムシ，アゲハをもとの場所にもどしたり，育て続けるかをみんなで相談をします。

◇下線部分はたいせつなところです。

1 生きもの広場をつくる計画を立て，準備しよう。

「ザリガニやおたまじゃくし，ダンゴムシ，アゲハを育てている広場をつくり，1年生やお家の人に見てもらいましょう。」
・育てている水槽や飼育ボトルを並べようよ。
・新聞や物語をかいて，貼っていこうよ。

2 育てている，ザリガニやおたまじゃくし，ダンゴムシ，アゲハの新聞をつくろう。

「育てている，ザリガニやおたまじゃくし，ダンゴムシ，アゲハの新聞や物語をかきましょう。」
・模造紙にカラーペンや色鉛筆で育ててきたことをかいて，新聞をつくろう。
・物語にして，かいていこうよ。
・どんなものを食べているかもかこう。
・水槽の中の工夫も知ってもらいたいね。

板書の留意点

生きもの　ひろば

どんな　ひろばに　しようかな
- しんぶん　　・ポスター
- 水そうで　かざる

生きもの
- アゲハ　　・ザリガニ　　・ダンゴムシ

準備物
- ザリガニの飼育水槽　・カエルの飼育水槽
- トンボの飼育水槽　・アゲハの飼育ボトル
- 模造紙　・マジックインク　・色鉛筆

3　生きもの広場を開こう。

「生きもの広場を開きましょう。1年生に説明をしてあげましょう。」
- （ザリガニグループ）ザリガニの鋭いつめを見て下さい。
- 食べているところです。口を動かしています。
- （おたまじゃくしグループ）尾っぽを動かして動いています。かつおぶしを食べています。
- （ダンゴムシグループ）石の下にいました。さわるとすぐに丸くなります。
- （アゲハグループ）ミカンの葉を食べています。

4　生きものを育て続けるか，もとの所へ返すか相談をしよう。

「生きもの広場も上手にできました。ザリガニやおたまじゃくし，ダンゴムシ，アゲハをもといたところに逃がしてあげましょうか。」
- アゲハの幼虫は，このまま育てて，チョウになったら，放してやります。
- ザリガニは，川にもどします。
- おたまじゃくしは，田んぼに逃がします。
- ダンゴムシも，とってきたところに返そうかな。

生きもの　なかよし　大作せん

なつの生きものを見つけよう 水の中の生きもの	なまえ

月　日

◎田んぼや　はたけ　池　小川　ぬまで　さがしてみよう。（見つけたものに　○をして、いろを　ぬろう。）

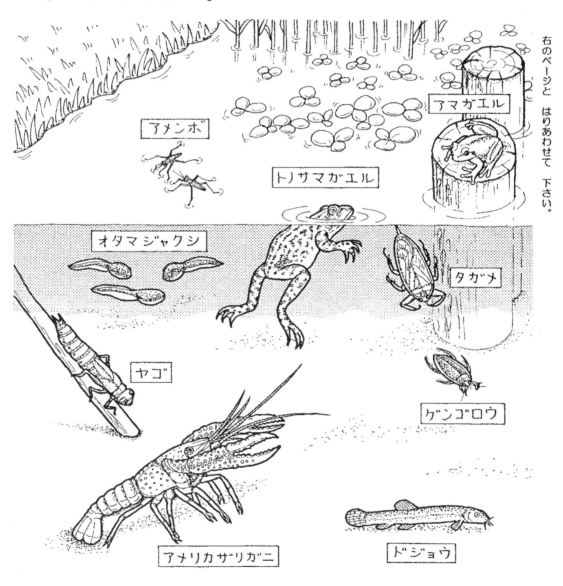

右のページと　はりあわせて　下さい。

ちゅうい ぜったいに 子どもだけでは いかない。
おとなの 人と いっしょに いこう。

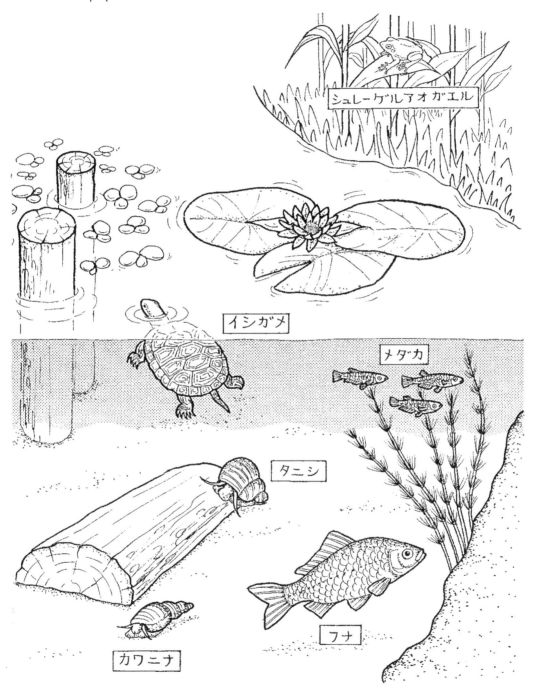

夏の生き物観察

いろいろな　どうぐの　つかい方

くっつけるもの

〈のり〉
中指にのりをつけて，よくのばしながらぬる。のりがかわくと紙がちぢむ。

〈合成のり〉
手がよごれない。

〈セロハンテープ〉
紙と紙，ストロー，かんなど重くないものどうしつけられる。はばもいろいろある。

〈木工用ボンド〉
木・布にも使える。白色だが，かわくととう明になる。

〈スティックのり〉
紙をくっつける。手がよごれない。紙はちぢまない。

〈ステープラー〉
紙と紙をつなぎ合わせる。

紙をはさんでとじる。　中にはりを入れる。

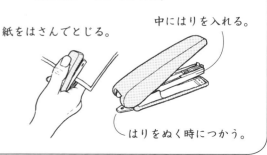

はりをぬく時につかう。

はさみのつかい方

はさみは，自分の手の大きさに合うにぎりのものをえらびましょう。

❶ 切り方（図は右きき用はさみ）

細く切る時は，刃の先を使う。

切りにくい紙やひもを切る時は，刃の奥を使う。

❷ 丸く切るとき

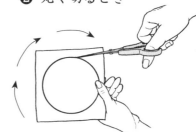

はさみをもった手は動かさず，紙をまわしながら切る。

❸ はさみをわたす時

刃先を手前にしてわたす。

❹ わや形をくりぬく時

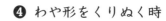
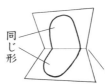

同じ形　　紙を半分におる。　かさねて切る。

カッターナイフのつかい方

カッターナイフは，正しく使わないと大きなけがにつながります。
切るれんしゅうをしてから使いましょう。

❶ 切り方（1）

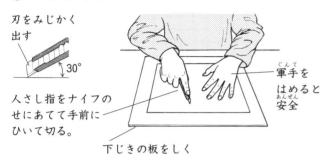

❷ 切り方（2）

刃のおり方

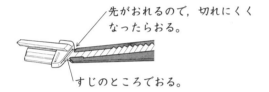

刃のこうかん

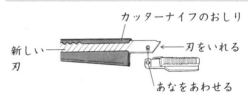

せんまいどおし・きりのつかい方

画用紙・工作用紙・だんボールやかんなどにあなをあけるときに使います。
注意!! せんまいどおしは，先がとがっているので，ぜったいに人にむけて使わないこと。

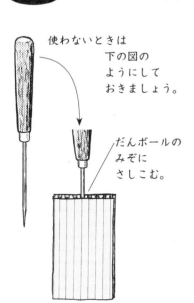

❶ さし方（1）

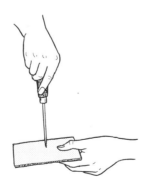

あつ紙にあなをあける時は，手にささらないように気をつける。下にやわらかいものをしくとあけやすい。

❷ さし方（2）

うごく うごく わたしの おもちゃ

全授業時数 12 時間

［学習にあたって］

　低学年の子どもは，未知のものへの好奇心が強く，手を出し，触ってみて，体を通して体験していきます。このような発達特性をもつ低学年の子どもたちには，五感をフルに働かせ，自然の事物・現象にひたらせ，それに親しませながら，見たり，触ったり，つくったり，育てたりする具体的な行動や体験が大切です。子どもたちが夢中になれる活動の場をつくることが必要です。そのような意味でも，この単元での取組は，子どもたちの興味関心を呼び起こすものになると思います。

　おもちゃづくりをする中で，もっと速く動かしてみたい，もっと遠くまで飛ばしてみたいなどの欲求が生まれ，そこから創意工夫が生まれてきます。その過程で，科学的な見方や考え方，処理の仕方などを身につけていくようになります。

　単なる遊びやものづくりだけではない，教育的な単元であることを教師は認識して取り組んでほしいと思います。

［単元の目標と評価規準］

【関心・意欲・態度】	身近な材料を使って，動くおもちゃをつくったり，みんなで楽しく遊んだりしようとしている。
【思考・表現】	自分がつくるおもちゃを決め，工夫しながらおもちゃをつくるとともに，みんなで楽しく遊べるように遊びの約束やルールを考え，それらを素直に表現している。
【気付き】	・身近な材料で，動くおもちゃをつくることができる。 ・友だちと遊びながら工夫することで，新しいおもちゃづくりができることに気づく。 ・動くおもちゃづくりを通して，動くものの決まりに気づく。

[指導計画] 全 12 時間

次	時	本時の目標	学習活動
うごくおもちゃをつくろう（1・2）ゴムを使ったおもちゃ	1	動くおもちゃで遊んだり，つくったりすることに関心をもち，動く仕組みなどを考えながら，身近にある材料を使って，自分でおもちゃをつくることができる。	・ぱっちんガエルをつくる。 ・ぱっちんガエルを工夫してみる。 　＝びっくり箱づくり＝
	2		・割りばし鉄砲をつくる。 ・割りばし鉄砲を工夫してみる。 　＝輪ゴムを増やして飛ばす＝
うごくおもちゃをつくろう（3・4）ビニル袋を使ったおもちゃ	3		・かさ袋ロケットをつくる。 ・かさ袋ロケットを工夫してみる。
	4		・ビニル袋パラシュートをつくる。 ・ビニル袋パラシュートを工夫してみる。
うごくおもちゃをつくろう（5・6）おもりで動くおもちゃつくろう	5		・坂を転がるおもちゃをつくる。 ・坂を転がるおもちゃを工夫してみる。
	6		・おもりでゆれるおもちゃをつくる。 ・おもりでゆれるおもちゃを工夫してみる。
うごくおもちゃをつくろう（7・8）風で動くおもちゃ	7		・風車をつくる。 ・風車を工夫してみる。
	8		・風で動く車をつくる。 ・風で動く車を工夫してみる。
うごくおもちゃをつくろう（9・10）いろいろな材料でおもちゃづくり	9		・サルの棒のぼりをつくる。 ・サルの棒のぼりを工夫してみる。
	10		・ストローグライダーをつくる。 ・ストローグライダーを工夫してみる。
おもちゃ図かん（1・2）	1		空気を使ったおもちゃをつくって遊ぶ。 　＝にょろにょろ蛇をつくる，空気砲＝
	2		音が出るおもちゃをつくって遊ぶ。 　＝ストロー笛，動物の鳴き声おもちゃ＝

第1時 うごくおもちゃをつくろう(1) ゴムを使ったおもちゃ ＝ぱっちんガエル＝

本時の目標
動くおもちゃで遊んだり，つくったりすることに関心をもち，動く仕組みなどを考えながら，身近にある材料を使って，自分でおもちゃをつくることができる。

本時の学習にあたって

＜生活科におけるおもちゃづくりの意義＞
　子どもたちは，まだまだ手・腕それにつながる脳の未発達さをもっています。モノづくり（子どもの認識を育てる工作などを指す）を通じて，手や腕，さらに脳への働きかけは大切です。おもちゃづくりはそのための第一歩です。
＝モノづくりを進めるうえで考えたいこと＝
① 全員の子どもがつくれ，発達に見合ったもの，② 制作過程で子どもたちの工夫ができるもの，③ 1つのモノづくりが次へ発展していくようなもの，④ つくったおもちゃで遊べて，遊べる中でも発展性のあるもの，⑤ 面白いものだけではなく，発達を踏まえた科学教材として考えられるもの，を考えたいです。

（展開）
「ぱっちんガエル」
　幼い子どもたちの工作の定番です。つくりやすく，遊びとしても面白く，身近な材料（牛乳パック）で簡単にできます。ゴムの伸び縮みで起こる面白い動きを楽しませたいものです。

※下線部分はたいせつなところです。

1　ぱっちんガエルをつくろう。

〈2つのぱっちんガエルのつくり方〉

牛にゅうパックの底と上を4つに切りとる。

その1
❶ へこみを入れる。
❷ へこみに輪ゴムをかける。

〈遊び方〉

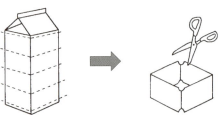

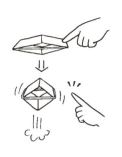

その2
❶ 切りとった牛にゅうパックを半分に切りとる。
❷ はさみで切れ込みを入れる。
❸ 広げて輪ゴムをかける。

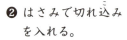

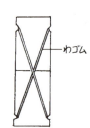

輪ゴムをのばし，指で押さえ，離すと飛び上がる。

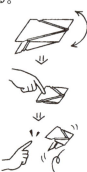

準備物

- ぱっちんガエルをつくろう
  - 牛乳パック（2箱）
  - 輪ゴム
  - はさみ
  - セロハンテープ
  - びっくり箱用箱（牛乳パックでつくらない時，使用）
  - 必要があれば…カッタナイフ，軍手

★ぱっちんガエル

2　ぱっちんガエルを工夫してみよう。　＝びっくり箱づくり＝

ぱっちんガエル〈その1〉をつないで，びっくり箱を作ってみよう！

〈つくり方〉

❶ ばねをつくる。

ぱっちんガエル〈その1〉を8こ（牛にゅうパック2はこ分）つなげる。

セロハンテープ

❷ はこをつくる。

牛にゅうパックを横に半分に切る。

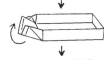

ステープラーでとめる

上・下同じようにしてつくる。

❸ 図のようにおりたたんでいき，はこの中に入れる。

はこの中に入れる。

〈遊び方〉

- はこの ふたが あかないよう しっかりと もって ともだちに わたす。
- 「ふたを あけて いいよ」という。
- ふたを あけると いきおいよく とび出してくる。

うごく　うごく　わたしの　おもちゃ　　95

第2時 うごくおもちゃをつくろう(2) ゴムを使ったおもちゃ =割りばし鉄砲=

本時の目標
動くおもちゃで遊んだり，つくったりすることに関心をもち，動く仕組みなどを考えながら，身近にある材料を使って，自分でおもちゃをつくることができる。

本時の学習にあたって

展開

「割りばし鉄砲」
　従来，割りばしをいろいろ組み合わせてつくっていたややこしい割りばし鉄砲では，低学年の子どもたちには作製は無理でした。そこで，<u>低学年のどの子どもでもつくれるシンプルで簡単にできる割りばし鉄砲</u>を考えてみました。材料は身近にあるものを使い，工作としても簡単なものです。遊びとしては，紙で玉をつくり，的に向かって飛ばすものです。<u>ゴムの伸び縮みによる玉の飛び方</u>なども遊びの中で気づいていきます。つくった後の楽しみもある工作です。

✿下線部分はたいせつなところです。

1　割りばし鉄砲をつくろう。

〈割りばし鉄砲のつくり方〉

❶ わりばしの細い方に輪ゴムをステープラーでとめる。

❷ 丸い金具のついたせんたくばさみをセロハンテープでとめる。

❸ 厚紙でたまをつくる。

たまは，図のような丸を切り抜き，V字型の切れ目を入れる。

〈飛ばし方〉
- ゴムをたまの切れ目にかけて，せんたくばさみにはさむ。
- せんたくばさみをおすとたまは飛ぶ。

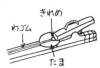

準備物

- 割りばし鉄砲をつくろう
  - 割りばし
  - 洗濯ばさみ（丸い金具つき）
  - 厚紙
  - 輪ゴム
  - セロハンテープ
  - ステープラー
  - はさみ

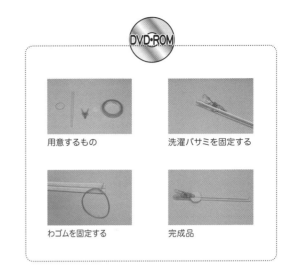

用意するもの　洗濯バサミを固定する
わゴムを固定する　完成品

2 割りばし鉄砲を工夫してみよう。　＝輪ゴムを増やして飛ばしてみよう＝

もっとよくたまが飛ぶ割りばし鉄砲を作ってみよう！輪ゴムの数を増やして、やってみよう！

ゴムが強くなったよ。

輪ゴムが1本の時よりよく飛ぶようになったよ。

第3時 うごくおもちゃをつくろう(3) ビニル袋を使ったおもちゃ ＝かさ袋ロケット＝

本時の目標
動くおもちゃで遊んだり，つくったりすることに関心をもち，動く仕組みなどを考えながら，身近にある材料を使って，自分でおもちゃをつくることができる。

本時の学習にあたって

展開

「かさ袋ロケット」
　かさ袋に空気を入れることで，空気の存在が実感としてわかる工作です。
・手順として，先に膨らんでいない状態のかさ袋に，羽をつけた方がつけやすいです。
・袋がパンパンになるように空気を入れさせたいので，袋を閉じるときのコツとして，最後の袋を閉じる時，口をねじりながら閉じ，すばやくセロハンテープを貼ります。
・ロケットの飛ばし方は，まっすぐになるように飛ばすことです。たたき方も，まっすぐになるようにたたくのがよく飛ばすコツです。

◇下線部分はたいせつなところです。

1 かさ袋ロケットをつくろう。

〈かさ袋ロケットのつくり方〉

❶ かさ袋にいっぱいくうきを入れてふくらませ，さきをむすぶ。

❷ くくったさきを，折り曲げて，セロハンテープでつける。

❸ ロケットのつばさをつくる。

画用紙を下の図のように切る。　両側に折り曲げる。

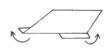

❹ かさ袋のうしろにつばさを4枚セロハンテープでつける。

〈飛ばし方〉

ロケットのうしろを手でまっすぐたたく。

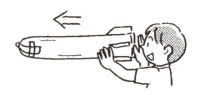

準備物

- かさ袋ロケットをつくろう
  - かさ袋
  - 折り紙（輪をつくる）
  - 画用紙（羽作製用）
  - セロハンテープ
  - はさみ

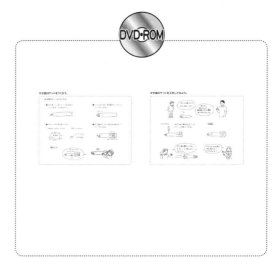

2 かさ袋ロケットを工夫してみよう。

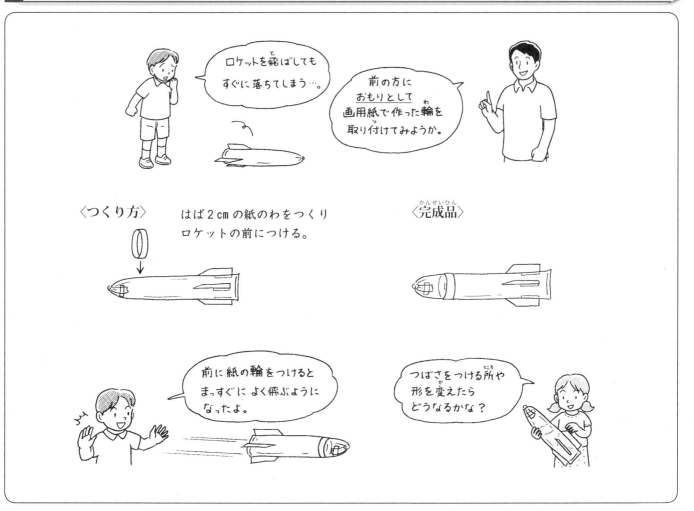

第4時 うごくおもちゃをつくろう(4) ビニル袋を使ったおもちゃ =ビニル袋パラシュート=

本時の目標

動くおもちゃで遊んだり，つくったりすることに関心をもち，動く仕組みなどを考えながら，身近にある材料を使って，自分でおもちゃをつくることができる。

本時の学習にあたって

〔展開〕

「ビニル袋パラシュート」
　パラシュートが傘を広げて，ゆっくり落ちてくる様子から，空気の存在を実感できる工作です。
・4分の1円の型紙をつくっておき，それに合わせてビニル袋を切り取るとちょうどよい形のパラシュートができます。
・4か所の糸をつなぐ場所は，つなぐ前に，円の4分の1に印をつけてからつなぎます。

◇下線部分はたいせつなところです。

1　ビニル袋パラシュートをつくろう。

〈ビニル袋パラシュートのつくり方〉

❶ ビニル袋を広げて，パラシュートの型をとり，切りとる。

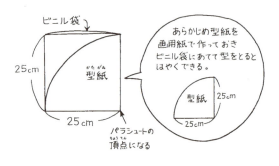

あらかじめ型紙を画用紙で作っておきビニル袋にあてて型をとるとはやくできる。

❷ 切りとったビニル袋を広げる。

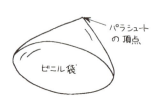

❸ 糸を同じ長さ（50cmくらい）に4本切り，ビニル袋にセロハンテープでつける。

❹ ペットボトルのふたをつける。

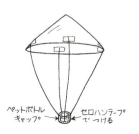

〈遊び方〉

・ビニル袋の頂点部分をもって落とす。

イスなどから

ジャングルジムから

準備物

- ビニル袋パラシュートをつくろう
  - ビニル袋（25×25ぐらい）
  - 糸（木綿糸，ミシン糸などの細い糸）
  - ペットボトルキャップ
  - セロハンテープ
  - はさみ
  - 画用紙（型紙用）

用意するもの

型紙からパラシュートを作る

線を引く

2　ビニル袋パラシュートを工夫してみよう。

うごく うごく わたしの おもちゃ

第5時
うごくおもちゃをつくろう(5)
おもりで動くおもちゃ
＝坂を転がるおもちゃ＝

本時の目標

動くおもちゃで遊んだり，つくったりすることに関心をもち，動く仕組みなどを考えながら，身近にある材料を使って，自分でおもちゃをつくることができる。

本時の学習にあたって

展開

「坂を転がるおもちゃ」

　おもちゃの形やおもりの重さの変化によって，転がり方が違う面白さが体験できます。

・紙の大きさなどは，おもりによって違ってきます。おもりが転がるときに外に飛び出さないようにするのが，つくるうえでのコツです。

・他にも坂を転がるおもちゃはあります。別紙につくり方などを載せておきましたので，時間に余裕があればつくらせてください。

◇下線部分はたいせつなところです。

1　坂を転がるおもちゃをつくろう。

〈坂を転がるおもちゃのつくり方〉

❶ 画用紙を下の図のように切る。

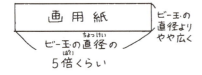

❷ 切った画用紙を巻く。

〈遊び方〉
・つくえや板などで坂をつくって上からころがす。

❸ ビー玉を入れて，セロハンテープでとめる。

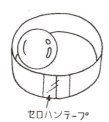

❹ ビー玉が外へ出ないように紙を巻く。

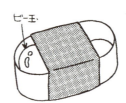

準備物

- 坂を転がるおもちゃをつくろう
  - 画用紙
  - はさみ
  - セロハンテープ
  - ビー玉（大きめ）
  - 乾電池（単1）

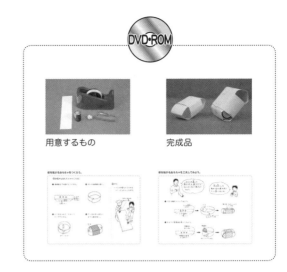

用意するもの　　完成品

2　坂を転がるおもちゃを工夫してみよう。

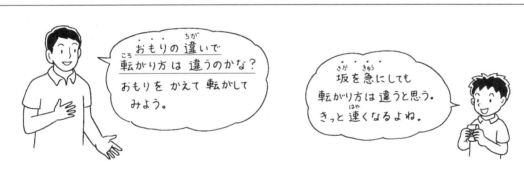

おもりの違いで転がり方は違うのかな？おもりをかえて転がしてみよう。

坂を急にしても転がり方は違うと思う。きっと速くなるよね。

❶ 大きな輪をつくってみよう。

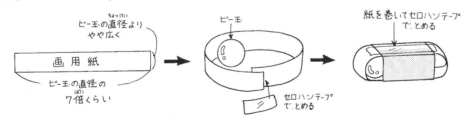

❷ おもりに乾電池を使ってみよう。

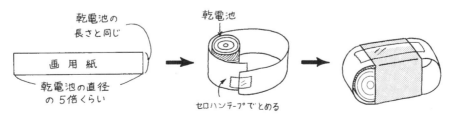

うごく　うごく　わたしの　おもちゃ

第6時
うごくおもちゃをつくろう(6)
おもりで動くおもちゃ
＝おもりでゆれるおもちゃ＝

本時の目標

動くおもちゃで遊んだり，つくったりすることに関心をもち，動く仕組みなどを考えながら，身近にある材料を使って，自分でおもちゃをつくることができる。

本時の学習にあたって

【展開】

「おもりでゆれるおもちゃ」

2つのおもりによってゆれるおもちゃをつくり，<u>おもりの大きさやつける位置によって，ゆれ方に違いのあることに気づかせます。</u>

・子どもに曲げやすい太さのビニル線や針金を使います。細すぎると，おもりをつけると曲がってしまうので，事前に予備実験はしておきたいものです。
・おもりは，硬めの粘土を使います。

⇔下線部分はたいせつなところです。

1 おもりでゆれるおもちゃをつくろう。

〈おもりでゆれるおもちゃのつくり方〉

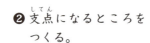

❶ 針金をUの字に曲げる。

❷ 支点になるところをつくる。

❸ 針金の両端に輪ゴムをまきつけ，油ねんどをつける。

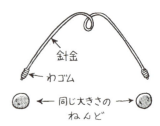

〈遊び方〉

・えんぴつの先にのせて，ゆらゆらと動かす。

準備物

- おもりでゆれるおもちゃをつくろう
  - 針金（子どもの手で曲げられる固さのもの）
  - 輪ゴム
  - 油粘土
  - 鉛筆
  - ラジオペンチ（支点を曲げるときに使用）

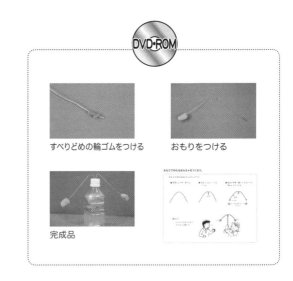

2 おもりでゆれるおもちゃを工夫してみよう。

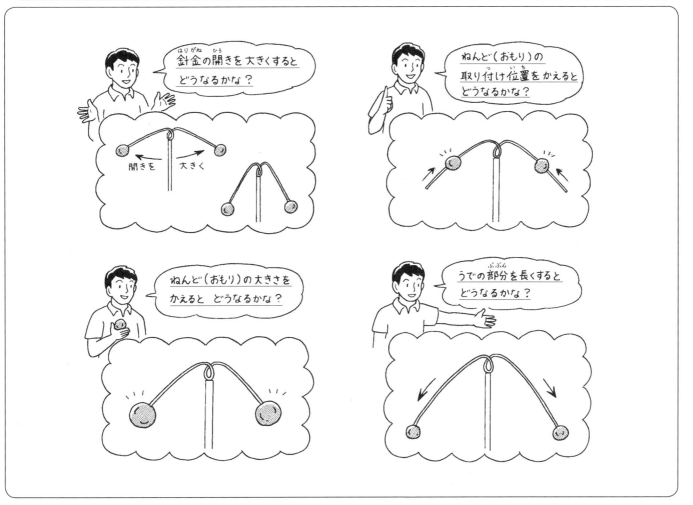

うごく うごく わたしの おもちゃ

第7時 うごくおもちゃをつくろう(7) 風で動くおもちゃ ＝風車＝

本時の目標

動くおもちゃで遊んだり，つくったりすることに関心をもち，動く仕組みなどを考えながら，身近にある材料を使って，自分でおもちゃをつくることができる。

本時の学習にあたって

展開

「風車」

　風の力を受けて「くるくる」とよく回る「風車（かざぐるま）」をつくります。よく回る風車はどんなものかを考えさせながら取り組みます。

・羽をつくるために8等分しますが，角度など測れないので，型紙などを用意することも必要です。
・ストローの太さは，スムーズな回転に関係するので，注意が必要です。

✿下線部分はたいせつなところです。

1 風車をつくろう。

〈風車のつくり方〉

❶ 紙の皿を8等分に切り，羽をひねる。

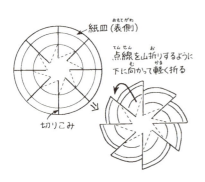

❷ 細い方のストローと紙皿をつなげる。

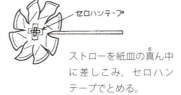

ストローを紙皿の真ん中に差しこみ，セロハンテープでとめる。

❸ 細い方のストローに，太いストローを差しこむ。

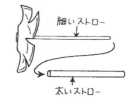

〈遊び方〉

・走って風車を回す。

・風の方向に向けて回す。

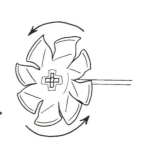

準備物

- 風車をつくろう
  - 紙皿
  - ストロー（細い，太い…2種類）
  - セロハンテープ
  - はさみ
  - 扇風機

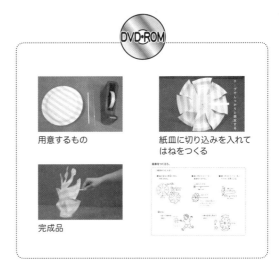

2 風車を工夫してみよう。

第8時 うごくおもちゃをつくろう(8) 風で動くおもちゃ ＝風で動く車＝

本時の目標

動くおもちゃで遊んだり，つくったりすることに関心をもち，動く仕組みなどを考えながら，身近にある材料を使って，自分でおもちゃをつくることができる。

本時の学習にあたって

展開

「風で動く車」

動く車の手づくりの面白さと車に乗せる風受けの形容によって走らせる面白さが楽しめます。少し手の込んだ工作になりますが，科学工作の楽しさを味わわせたいです。

・牛乳パックの加工（底などの切り取り）やペットボトルのキャップの穴あけにカッターや千枚通しなどの使用が考えられます。いずれも危険が伴う作業ですので，教師の方ですることも考えてください。

⇔下線部分はたいせつなところです。

1 風で動く車をつくろう。

〈風で動く車のつくり方〉

❶ 牛にゅうパックの底と上を切りとる。

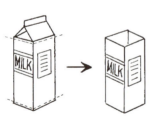

❷ 4辺の1辺を内側に折りこむ。

❸ キリでペットボトルのふたに穴を開ける。

竹ぐしを通し，洗たくばさみとつなぐ。

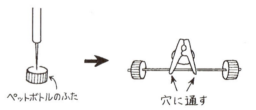

❹ 洗たくばさみと牛にゅうパックを取りつける。

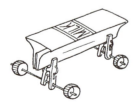

❺ 縦に切った紙コップを牛にゅうパックにつける。

〈遊び方〉

・うちわなどであおいで牛にゅうパックの車を動かす。

準備物

・風で動く車をつくろう
  ・牛乳パック
  ・はさみ
  ・ペットボトルのふた
  ・千枚通し
  ・洗濯ばさみ（取っ手部分穴あき）
  ・竹串
  ・紙コップ

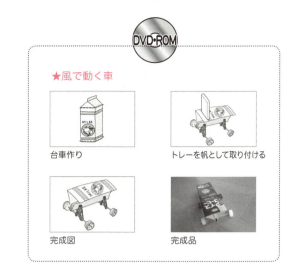

2　風で動く車を工夫してみよう。

うごく うごく わたしの おもちゃ

第9時
うごくおもちゃをつくろう(9)
いろいろな材料でつくるおもちゃ
＝サルの棒のぼり＝

本時の目標
動くおもちゃで遊んだり，つくったりすることに関心をもち，動く仕組みなどを考えながら，身近にある材料を使って，自分でおもちゃをつくることができる。

本時の学習にあたって

[展開]

「サルの棒のぼり」

昔からある不思議なおもちゃです。凧糸と洗濯ばさみの穴との摩擦で，凧糸を操ると洗濯ばさみは上昇していきます。簡単で楽しいおもちゃです。

・選ぶ洗濯ばさみは，必ず取っ手に穴の開いているものにしてください。
・洗濯ばさみの穴に凧糸をどのように通すかが大変大事です。間違わないように子どもには教えてください。

◇下線部分はたいせつなところです。

1　サルの棒のぼりをつくってみよう。

〈サルの棒のぼりのつくり方〉

❶ 洗たくばさみの穴にひもを通す。

※ひも通しは図と同じように必ずすること。

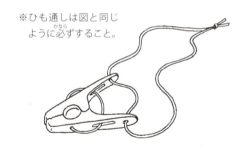

❷ サルの絵を洗たくばさみにはる。

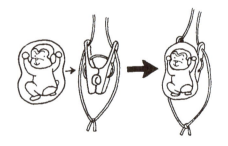

〈遊び方〉

・片方ずつ引いてみると，おさるさんが上にあがっていく。

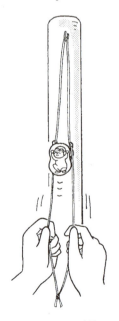

※洗たくばさみは，左右に傾きながら上にのぼっていく。

準備物

- サルの棒のぼりをつくってみよう
  - 凧糸
  - 洗濯ばさみ（取っ手部分穴あき）
  - 画用紙
  - はさみ

用意するもの

ひもを通す

ひもを通した

絵をはり完成

2 サルの棒のぼりを工夫してみよう。

第10時 うごくおもちゃをつくろう(10) いろいろな材料でつくるおもちゃ ＝ストローグライダー＝

本時の目標

動くおもちゃで遊んだり，つくったりすることに関心をもち，動く仕組みなどを考えながら，身近にある材料を使って，自分でおもちゃをつくることができる。

本時の学習にあたって

[展開]

「ストローグライダー」
　大変簡単な飛行機です。軽いので風に影響されやすいですが，うまく飛ばすとまっすぐよく飛びます。輪（普通の飛行機でいうと翼にあたります）に空気を受けて飛んでいるのがわかるおもちゃです。
・輪の大きさや幅などはいろいろ変えてつくるのも面白いです。
・輪の取りつけ位置は，両端にそろえてセロハンテープで貼りつけます。
・風に影響されやすいので，室内で遊ぶのが無難です。

♣下線部分はたいせつなところです。

1　ストローグライダーをつくってみよう。

〈ストローグライダーのつくり方〉

❶ 折り紙で大・小の輪をつくる。

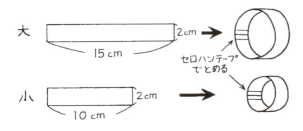

❷ ❶でつくった輪をストローの両端にクリップでとりつける。

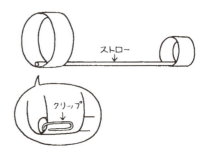

〈遊び方〉
・少し上に向けて，まっすぐになげる。
・輪は丸い形をくずさないようにする。
・風のない所をえらぶ。

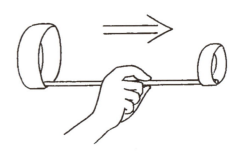

準備物

- ストローグライダーをつくってみよう
  - 折り紙
  - ストロー
  - クリップ
  - セロハンテープ
  - はさみ

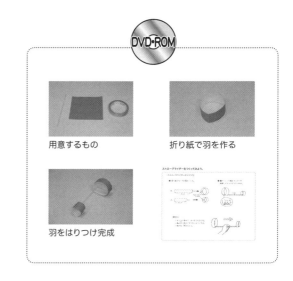

用意するもの　　折り紙で羽を作る

羽をはりつけ完成

2　ストローグライダーを工夫してみよう。

第1時 おもちゃ図かん(1) 空気を使ったおもちゃをつくろう ＝にょろにょろ蛇・空気砲＝

本時の目標

動くおもちゃで遊んだり，つくったりした経験から，おもちゃづくりに関心をもち，身近にある材料を使って，自分でいろいろなおもちゃを考えたり，つくったりすることができる。

本時の学習にあたって

[展開]

「にょろにょろ蛇」
　ストローでかさ袋に空気を送り込むことで，かさ袋が蛇のように上に向かってコップから出てくる面白さが味わえるおもちゃです。
・空気が漏れないように工作することがコツです。

「空気砲」
　目に見えない空気の塊を，目に見えるようにして遊ぶおもちゃです。簡単ですが，ダイナミックな遊びができ，子どもたちは夢中になります。
・空気砲の箱づくりは，空気が漏れないようにすることが重要です。

✿下線部分はたいせつなところです。

1 空気を使ったおもちゃをつくって遊ぼう。 ＝にょろにょろ蛇をつくろう＝

〈にょろにょろ蛇のつくり方〉

❶ かみコップ，かさぶくろを用意する。（ジャバラストローも用意する。）

❷ かみコップの底に，穴をあけ，ジャバラストローを絵のようにさしこむ。

〈遊び方〉

・絵のように口でふくと，だんだんふくらみ，ふくろの絵のヘビが上に出てくる。
・ゆっくりふくらますのがコツです。

❸ ジャバラストローの先にかさぶくろをしっかりとセロハンテープでくっつける。

❹ さいごに，ジャバラのところをまげ，ふくろを丸める。

準備物

- にょろにょろ蛇をつくろう
  - かさ袋
  - 紙コップ
  - じゃばらつきストロー
  - セロハンテープ
  - 油性ペン（絵をかく用）

- 空気砲をつくろう
  - 段ボール箱
  - カッターナイフ
  - 画用紙
  - はさみ

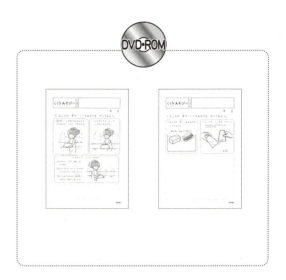

2 空気を使ったおもちゃをつくって遊ぼう。 ＝空気砲をつくろう＝

〈空気砲のつくり方〉

❶ 段ボールのはこの片方だけ、適当な大きさの穴をあける。ほかのところは空気がもれないように、ガムテープでしっかりふさぐ。

❷ 画用紙を適当な大きさに切って、半分に折り、まとをつくる。（空気のかたまりが当たると倒れるようなもの。）

〈遊び方〉

- 穴から、いきおいよく、空気が出る。はこの中にけむり（せんこうのような）をためてたたくと、けむりの輪が出る。

注意
火の扱いには気をつけましょう。

すごい！けむりの動きで空気の出方もわかるね。

うごく うごく わたしの おもちゃ

第2時 おもちゃ図かん(2) 音が出るおもちゃをつくろう =ストロー笛・動物の鳴き声おもちゃ=

本時の目標

動くおもちゃで遊んだり，つくったりした経験から，おもちゃづくりに関心をもち，身近にある材料を使って，自分でいろいろなおもちゃを考えたり，つくったりすることができる。

本時の学習にあたって

> 展開

「ストロー笛」
　音は，ものが振動することで出ていることを体感できるものです。唇の操作の難しさがありますが，練習次第でどの子にもできるものです。

「動物の鳴き声おもちゃ」
　不思議なおもちゃで，凧糸をこするだけで動物の鳴き声が出せるおもちゃです。これも凧糸をこすることで生まれる振動が，紙コップに伝わり，音を出しています。
・凧糸のこすり方が一番大事です。少し湿ったぞうきんでこするとうまく音が出ます。

◈下線部分はたいせつなところです。

1 音が出るおもちゃをつくって，遊ぼう。 =ストロー笛をつくろう=

〈ストロー笛のつくり方〉

❶ ストローの先を斜めに切る。

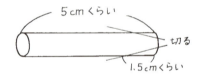

❷ V字型の部分をたいらにする。

かたいもので強くこすってたいらにするとよい。

〈遊び方〉

・V字の所を口にくわえ唇を使って軽くふく。
・初めはなかなか音が出ないが，やっているうちに偶然，音が出る。
・吹き方によって音の変化も楽しみたい。

準備物

- ストロー笛をつくろう
  - ストロー
  - はさみ

- 動物の鳴き声おもちゃをつくろう
  - 紙コップ ・凧糸 ・つまようじ
  - ぞうきん ・画用紙 ・はさみ ・セロハンテープ

★動物の鳴き声おもちゃ（音声が出ます）

2 音が出るおもちゃをつくって、遊ぼう。。 ＝動物の鳴き声おもちゃをつくろう＝

〈動物の鳴き声おもちゃのつくり方〉

❶ 紙コップの底をつまようじで穴をあけ，たこ糸をとおす。紙コップの底と糸をセロハンテープでつける。

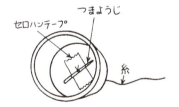

❷ いろいろな動物の顔や形をとりつける。

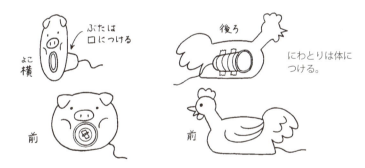

にわとりは体につける。

〈遊び方〉

- 紙コップをもって，タコ糸に軽く湿らせたぬれぞうきんをあて，ゆっくりこする。
- こすり方によって，「ブーブー」とぶたの鳴き声のように，「コケコッコー」とにわとりの鳴き声がでる。

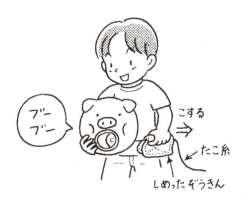

うごく うごく わたしの おもちゃ

図書かんに 行こう

全授業時数 4 時間

[学習にあたって]

　町の公共施設を訪ねる目的は2つです。1つは，さまざまな人たちが使う場所であることに気づかせるためです。もう1つは，公共施設を安全に正しく利用する方法を知るためです。今回は，子どもたちとのかかわりのある公共施設として図書館を取り上げました。

　まず初めに，図書館を利用した経験を出し合い，地域に図書館があることを意識させます。そのうえで，自分たちが図書館を訪ねる目的を設定することが大切です。

　図書館を利用するにあたっては，事前に図書館司書の人に，活動の目的やねらいを説明しておく必要があります。一般の人たちも利用している中での活動なので，図書館の利用に関するルールやマナーに反する行動があった場合は，その場で適切に指導してもらうように依頼しておくとよいでしょう。

　図書館の使い方や本の借り方を教えてもらった後には，実際に本を借ります。事前に図書館の利用者カードを作成しておくと活動がスムーズです。また，子どもたちには，本を借りる時にわからないことがあれば，図書館司書の人に聞くように呼びかけておくとよいでしょう。

　本を借りるという活動を通して，図書館そのものの働きに注目させてから，図書館の働きを発揮するための工夫や，図書館の働きを支える人びとの仕事に目を向けさせるようにします。そのために，借りた本を返すために図書館に行くことも計画します。子どもたちには見えない図書館の工夫や図書館で働く人びとの仕事を図書館の人に聞くことがねらいになります。

　図書館の工夫や図書館で働く人びとの仕事は，子どもたちの力だけでは見つけられないことです。それゆえ，図書館司書の人に話してもらうことが必要になります。できれば，子どもたちの疑問に答えてもらう形での「インタビュー」形式を事前にお願いしておくとよいでしょう。そのためには，あらかじめ子どもたちがどんなことを聞きたがっているのかを伝えておくことが必要です。

[単元の目標と評価規準]

【関心・意欲・態度】	・地域の図書館に関心をもち，本を読んだり，探したり，借りたりして，正しく利用しようとする。
【思考・表現】	・図書館はみんなで使うところなので，図書館ではどのように過ごせばよいのかを友だちと話し合っている。
【気付き】	・図書館には，みんなが気持ちよく利用するためのルールやマナーがあることに気づく。 ・図書館で働く人たちは，みんなが気持ちよく利用できるように工夫していることに気づく。

［指導計画］ 全4時間

次	時	本時の目標	学習活動
図書かんに行こう	1	町の図書館で本を借りた経験を出し合い，どんな本を借りるかの計画を立てる。	図書館を利用した経験を出し合い，地域に図書館があることを意識させる。そのうえで，図書館でどんな本を借りるかをあらかじめ決めさせ，図書館を訪ねる目的を設定する。
図書かんで本をかりよう	2	図書館に行き，図書館の人に本の借り方を教わり，本を借りる。	図書館司書の人に，図書館の使い方や本の借り方を教えてもらう。その後で，実際に本を借りる。事前に図書館の利用者カードを作成しておくと活動がスムーズに進む。
図書かんで聞いてみよう	3	図書館を使って気づいたことを交流し，図書館で聞いてみたいことを考える。	図書館を利用して本を借りた時の感想や気づいたことを発表させる。その中で，子どもたちにもっと見てみたいことや聞いてみたいことなどの出し合いをさせる。さらに調べさせたいこととして，図書館を利用しやすいようにするための工夫や，図書館で働いている人の具体的な仕事などに目を向けさせたい。
図書かんのひみつを知ろう	4	図書館の人に，自分たちの知りたい図書館の秘密をインタビューする。	子どもたちが図書館司書の人にさまざまな質問をして，それに答えていただく形で授業を展開する。教師はコーディネート役になり，子どもたちの疑問を図書館司書の人に正確に伝えたり，子どもたちがわかりにくようであれば図書館司書の人の返答を解説したりする。

第1時 図書かんへいこう

本時の目標
町の図書館で本を借りた経験を出し合い，どんな本を借りるかの計画を立てる。

本時の学習にあたって

【解説】
　町の公共施設を訪ねる目的は2つあります。1つは，さまざまな人たちが使う場所であることに気づかせるためです。もう1つは，公共施設を安全に正しく利用する方法を知るためです。今回は，子どもたちとのかかわりのある公共施設として図書館を取り上げます。

【展開】
　図書館を利用した経験を出し合い，地域に図書館があることを意識させます。そのうえで，自分たちが図書館を訪ねる目的を設定することが大切です。<u>図書館でどんな本を借りるかをあらかじめ決めておくと，図書館へ行く動機づけになります。</u>

✿下線部分はたいせつなところです。

1 図書館に行ったことがあるかな。

　町の図書館のイラストを見せる。
「これは町の中にある建物です。見たことがある人はいますか。」
　・図書館。
　・行ったことがある。

「誰と一緒に図書館に行きましたか。」
　・お母さんとお兄ちゃんと一緒に行った。
　・お姉ちゃんと一緒に行った。

2 図書館はどこにあるかな。

「図書館はどこにありますか。」
　・公園の近くにある。
　・学校から歩くと20分ぐらいかかる。

「学校から図書館までの道がわかりますか。」
　・は～い。

「図書館はどんなところでしたか。」
　・おじいちゃんが本を読んでいた。
　・本がたくさんあった。

| 板書の留意点 | 図書館のイラストを大きくして貼る。 |

準備物
・町の図書館のイラスト

板書例

としょかんへ いこう

・学校から 20ぷん
・こうえんの ちかく

・本が たくさん ある
・おじいちゃんが 本を よんでいた

---

3 図書館ではどんな本を借りたいかを考えよう。

「図書館でどんな本を借りましたか。」
・ぼくは,『かいけつゾロリ』の本を借りた。
・わたしは,絵本を借りました。
・お兄ちゃんが宿題で使う本を借りていた。
・お父さんも何か本を借りた。

「図書館には,子どもたちが読む本もたくさん置いています。次の時間は,みんなで図書館に出かけて,本を借りようと思います。今から,どんな本を借りたいかをグループで相談しましょう。」

---

4 図書館を使う時に気をつけるとよいことは何かな。

「図書館は町のみんなが使うところです。みんなが気持ちよく使うために,気をつければよいことは何でしょう。」
・騒がしくしない。
・図書館の中を走り回らない。

・先生,本の借り方がわからない。
「そうですね。本の借り方は,図書館の人に聞いてみましょう。」

図書かんに 行こう　121

第2時 図書かんで本をかりよう

本時の目標
図書館に行き，図書館の人に本の借り方を教わり，本を借りる。

本時の学習にあたって

事前の準備

図書館を利用するにあたっては，事前に図書館司書の人に，活動の目的やねらいを説明しておく必要があります。一般の人たちも利用している中での活動なので，図書館の利用に関するルールやマナーに反する行動があった場合は，その場で適切に指導してもらうように依頼しておくとよいでしょう。

また，まち探検と同じように，校外での活動になるので，子どもの安全確保のために，保護者への協力を呼びかけておくことも大切です。

展開

<u>図書館の使い方や本の借り方を教えてもらった後に，実際に本を借りるので，事前に図書館の利用者カードを作成しておくと活動がスムーズです。</u>また，子どもたちには，本を借りる時にわからないことがあれば，図書館司書の人に聞くように呼びかけておくとよいでしょう。

✧下線部分はたいせつなところです。

1 図書館の使い方・本の借り方を教えてもらおう。

（クラス全員で図書館に出かける。）
「図書館に着きました。では，図書館の人に，図書館の使い方や本の借り方を教えてもらいます。」
　図書館に入る前に，もう1度，図書館の利用に関するルールやマナーを確認しておきましょう。

（説明が終わった後で）
「本を探したり，借りたりする時にわからないことがあれば，図書館の人に聞くようにしましょう。」

2 自分の借りたい本を探そう。

「では，今から30分の間に，自分の借りたい本を探しましょう。本が見つからない時は，友だちや図書館の人に相談するといいですよ。」
・本がたくさんありすぎて，迷うな。
・図鑑やなぞなぞの本もあるんだね。
・本が見つからないから，図書館の人に聞いてみよう。

| 板書の留意点 |

板書例

としょかん たんけん カード

図書館1

図書館2

準備物
- 『としょかん たんけん カード』
- 借りた本を入れる袋，手さげかばんなど

---

3 本を借りよう。

（借りたい本が見つかった子どもがいれば）
「借りたい本が見つかった人は，カウンターのところで本を借りましょう。」

（すでに本を借り終わった子どもには）
「早く本を借りた人は，図書館の椅子に座って本を読んでいてもいいですよ。」

「みんなが本を借りることができたので，借りた本を袋に入れて，学校へ帰りましょう。」
「帰る時も，ルールを守りながら帰りましょう。」

---

4 図書館を利用して気づいたことをカードにかこう。

（図書館から戻ってきて）
「『としょかん たんけん カード』を配ります。図書館で見つけたことや気づいたことを，絵や文で書きましょう。」
- いっぱいありすぎて，何のことを書こうかな。
- 図書館の人が教えてくれた，本を調べるパソコンをかこうかな。
- 子ども用の椅子もあったなあ。

時間がなければ，宿題でもよい。

第3時 図書かんで聞いてみよう

本時の目標
図書館を利用して気づいたことを交流し,図書館で聞いてみたいことを考える。

本時の学習にあたって

【解説】
　前時では本を借りるという活動を通して,図書館そのものの働きに目を向けさせようとしました。本時からは,図書館の働きを発揮するための工夫や,図書館の働きを支える人びとの仕事について目を向けさせるようにします。
　そのために,前時で借りた本を返すために再び図書館に行くことを計画します。子どもたちには見えない図書館の工夫や図書館で働く人びとの仕事を図書館の人に聞くことがねらいになります。

【展開】
　前時に図書館を使って本を借りた時の感想や気づいたことを発表させながら,子どもたちにもっと見てみたいことや聞いてみたいことなどの出し合わせをさせます。<u>子どもたちに調べさせたいこととして,図書館を利用しやすいようにするための工夫や,図書館で働いている人の具体的な仕事などがあげられます。</u>

◆下線部分はたいせつなところです。

1 図書館に行って,本を借りた時の感想を発表しよう。

「前の時間に,みんなで図書館に行って本を借りました。図書館に行って,本を借りた時に思ったことは何ですか。」
- 図書館にはいっぱい本がありました。
- 学校の図書室より本がたくさんあった。
- 本が借りられてうれしかった。
- 借りたい本があってよかった。
- 図書館の人が一緒に本を探してくれて,本が見つかった時はうれしかった。

2 図書館を利用して気づいたことを発表しよう。

(『としょかん　たんけん　カード』を返す。)
「図書館を利用して気づいたことは何ですか。」
- 図書館にはいろいろな人が来ていた。
- 図書館には大人の本も子どもの本もある。
- 図書館には大人の人がいて,静かに本を読んでいた。
- 図書館では騒いではいけない。
- 図書館の人はカウンターのところに座っている。
- 図書館の人はパソコンを使っていた。
- いっぱい本を借りている人がいました。

| 板書の留意点 | 〈ふしぎに おもう こと〉をすべて書く。 |

板書例

としょかんで きいてみよう

〈ふしぎに おもう こと〉
・としょかんには なんさつの 本が あるのか
・としょかんの 人は どんな しごとを して いるのか
・1日に なん人 くるのか

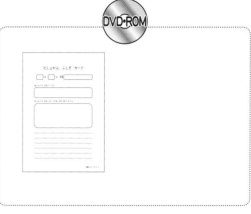

準備物
・『としょかん たんけん カード』
・『としょかん ふしぎ カード』

---

3 図書館の不思議を探してみよう。

「次は、借りた本を図書館に返しに行きます。図書館で もっと見てみたいこと、聞いてみたいことはありませんか。『としょかん ふしぎ カード』に調べてみたいことを書きましょう。」

(『としょかん ふしぎ カード』を配る。)

---

4 図書館で調べてみたいことを発表しよう。

「では、『としょかん ふしぎ カード』に書いたことを発表しましょう。調べてみたいことは何ですか。」
・図書館には何冊の本がありますか。
・どこに本があるかがどうしてわかるのですか。
・図書館の人はどんな仕事をしていますか。
・1日に何人ぐらいの人が図書館に来ますか。

「図書館を使いやすいようにするためにしていることってあるのかなあ。どう思いますか。」
・聞いてみたい。

第4時 図書かんのひみつを知ろう

本時の目標
図書館の人に，自分たちの知りたい図書館の秘密をインタビューする。

本時の学習にあたって

解説

図書館の工夫や図書館で働く人びとの仕事は，子どもたちの力だけでは見つけられないことです。それゆえ，図書館司書の人に話してもらうことが必要になります。できれば，子どもたちの疑問に答えてもらう形での「インタビュー」形式を事前にお願いしておくとよいでしょう。そのためには，あらかじめ子どもたちがどんなことを聞きたがっているのかを伝えておくことが必要です。

展開

子どもたちが図書館司書の人にさまざまな質問をして，それに答えていただく形で授業を展開します。インタビューは個別に実施することは難しいので，クラス全体で実施する機会を設定します。教師はコーディネート役になり，子どもたちの疑問を図書館司書の人に正確に伝えたり，子どもたちがわかりにくいようであれば，図書館司書の人の返答を解説したりすることが求められます。

✡下線部分はたいせつなところです。

1 図書館に行って，借りた本を返そう。

（クラス全員で図書館に着いてから『としょかん　ふしぎカード』を返す。）

「前に図書館に行って本を借りました。まず，自分の借りた本を返しましょう。」

（返却の手続きを体験させる。）

2 図書館の人に，図書館の工夫についてインタビューしよう。

「図書館のことについて聞きたいことはありますか。」
（奈良県立図書情報館の場合）
・図書館には何冊の本がありますか。
  ＊62万冊ぐらいあります。
・1日に何人ぐらいの人が図書館に来ますか。
  ＊350人ぐらいです。

「図書館を使いやすいようにするためにしていることは何ですか。」
  ＊図書館が閉まっていても返せるようにしています。

| 板書の留意点 | 〈おもった　こと〉はすべて書く。 |

板書例

としょかんの　人の　はなし

〈おもった　こと〉
- 本を　みつけやすいように　ならべている
- みんなが　つかいやすいように　している
- としょかんの　人の　しごとは　いっぱい　ある

準備物
- 『としょかん　ふしぎ　カード』
- 借りた本を入れる手さげかばんなど

---

3 図書館の人に，図書館で働く人の仕事についてインタビューしよう。

「では，図書館の人の仕事について聞きたいことはありますか。」
- どこに本があるかがどうしてわかるのですか。
  ＊本は種類を分けて並べているからです。

- 図書館の人はどんな仕事をしていますか。
  ＊大きなカートで本を運び，きれいに並べています。
  ＊探している本が他の図書館にあれば，教えてあげたりします。

4 図書館の人に話を聞いてどう思ったかを発表しよう。

「図書館の人に話を聞いてどう思いましたか。」
- 本を見つけやすいように並べているので，すごいなあと思いました。
- 図書館は，子どもも大人も，お年寄りも利用するので，みんなが使いやすいようにしている。
- 図書館の人がしている仕事はたくさんあるので，大変だと思った。
- これからは図書館で本を借りようと思いました。

まちで はたらく 人たちに 会いに 行こう

全授業時数 9時間

［学習にあたって］

　自分たちの生活が地域の自然や人びととかかわりがあることに気づかせることがねらいだった「わたしの　まち　たんけん」に対して，地域で生活したり働いたりしている人たちに焦点を当て，地域で働く人たちが抱いている地域への思いや地域のよさに気づかせるのがこの単元のねらいです。

　見学の第1回目は，あらかじめ教師の方で見学できる場所を設定し，子どもたち全員で共通に取り組ませます。それは，見学を通して，何を見るのか，何を聞くのかをつかませるためです。子どもたちにとっては，見学のやり方，インタビューのやり方などを学ぶことになります。

　あらかじめ，町で働く人に連絡を取り，協力をお願いすることを忘れてはなりません。働く人に会う目的，働く人に何を聞きたいのかを伝え，衛生面や安全面で事前に指導しておくことはないかなどを打ち合わせしておきます。働く人へのインタビューでは，仕事の都合から短時間にならざるをえないと思います。子どもたちに聞きたいことをどんどん聞かせるようにしたいので，働く人へのインタビューは教師が司会役になって進めるとよいでしょう。

　子どもたち全員が共通に見学する場所としてパン屋を取り上げます。それは仕事がわかりやすいからです。原料である小麦粉から，道具や機械を使って，食べるためのパンをつくりだしていく様子が子どもたちにもはっきりとつかめます。しかも，売るために，いろいろなパンを少しずつつくっている様子もひと目でとらえることができます。3年生以降の社会科学習につなげることができます。

　見学の第2回目は，町で働いている人たちと触れ合い，仕事の話を聞いたり，一緒に仕事をしたりします。働く人たちへの共感をもたせるためです。また，仕事を一緒にやってみることで，働いている人たちの技，努力や工夫などに目を向けさせていきます。今回の探検は，全員が同じ場所に出かけるのではないので，グループごとに安全に気をつけながら行くことを十分指導しておくことが大切です。仕事の体験を伴うので，お店の人たちの言うことをよく聞いて行動するように指導しておきましょう。

［単元の目標と評価規準］

【関心・意欲・態度】	・町で働く人と，親しみや愛着をもって話したり，一緒に活動したりしようとしている。
【思考・表現】	・町で働く人たちと自分たちとのかかわりについて考え，調査カードに表現している。
【気付き】	・町で働く人と一緒に仕事をすることで，働いている人たちの技，努力や工夫などに気づく。 ・町で働く人たちが，自分たちが暮らしている地域に抱いている思いに気づく。

[指導計画] 全9時間

次	時	本時の目標	学習活動
まちではたらく人をしょうかいしよう	1	毎日の暮らしの中で出会う町の人たちを紹介し，町で働く人に関心をもつ。	町で働いている人を思い出し，カードに顔をかかせる。子どもがすぐに思い出せる働く人を取り上げ，かき方例にする。
	2	会ってみたい町で働く人を選び，聞きたいことを考える。	自分たちで見つけた町で働いている人の中から1人を選び，町で働いている人に会う計画を立てる。
はたらく人に会いに行こう	3・4	パン屋の木村さんに会い，聞きたいことをインタビューする。	働く人へのインタビューを行う。子どもたちにどんどん質問させたいので，インタビューは教師が司会役になって進める。
	5	木村さんは，機械を使って，いろいろな種類のパンをつくっていることに気づかせる。	パンづくりをする木村さんの仕事に焦点を当て，原料，道具や機械を確認する。木村さんがなぜ少しずつたくさんの種類のパンをつくっているのかを考えさせる。
はたらく人に仕事をおしえてもらおう	6	町で働く人の仕事の中で，やってみたい仕事を決める。	町で働く人に触れ合うために，一緒に仕事をする計画を立てる。教師が紹介する町で働く人の仕事の中で，やってみたい仕事を選ばせる。
	7・8	町で働く人のところに出かけ，仕事を一緒にする。	町で働く人と一緒に仕事をする。仕事をした後で，『いっしょに しごとを したよ カード』を書く。
町ではたらく人の発表会をしよう	9	一緒に仕事をした町で働く人を紹介し，働く人がどんな仕事をしているかを発表する。	子どもたちを4つのグループに分け，発表する場所を教室の4つの隅に設定する。同時に4人が発表し，発表に当たっていない子どもは，好きな場所で発表を聞かせる。自分が発表する時間になったら，自分の発表する場所に戻る。

第1時 まちではたらく人をしょうかいしよう

本時の目標
毎日の暮らしの中で出会う町の人たちを紹介し，町で働く人に関心をもつ。

本時の学習にあたって

解説
春に取り組んだ『わたしの まちたんけん』は，自分たちの生活が地域の自然や人びととかかわりがあることに気づかせることがねらいでした。今回は，地域で生活したり働いたりしている人たちに焦点を当て，地域で働く人たちが抱いている地域への思いを知り，地域のよさに気づかせることがねらいです。

展開
町で働いている人を思い出し，カードに顔をかかせるところが授業のポイントになります。子どもがすぐに思いつく働く人は，お店の人です。誰もが知っている町のお店を取り上げ，かき方の例にするとよいでしょう。働く人を思い出せないようであれば，小グループで話し合いながらカードづくりに取り組ませるのも1つのやり方です。

⊕下線部分はたいせつなところです。

1 町でよく出会う人は誰かな。

「みんなが町でよく出会う人は誰ですか。」
- 近所のおばあちゃんです。
- パン屋のおじさんです。
- 交番のおまわりさんです。
- 交通安全のおじいさんにも会います。

「町ではいろいろな人に会いますね。今度の町探検は，町で働いている人に会いに行こうと思います。」

2 町で働いている人の顔をかこう。

「では，みんなが出会う町で働いている人を思い出し，『まちの 人 カード』に町で働いている人の顔をかいてもらいます。」

『まちの 人 カード』を配り，カードの書き方例を示す。

「このカードのように，働く人の顔と名前を書きます。働く人の名前がわからない時はどんな仕事をしているかを書きます。」

| 板書の留意点 | 『まちの 人 カード』を大きくして貼る。 |

まちで はたらく 人 を
しょうかい しよう

準備物
- 『まちの 人 カード』
  （八つ切り画用紙の半分程度の大きさに印刷する）
- 『まちの 人 カード』のかき方例

3 町で働いている人を紹介しよう。

「『まちの 人 カード』をみんなに見せて，町で働く人の発表をしてください。」
- パン屋の木村さんです。ここのメロンパンはとてもおいしいです。
- 学校の近くにある交番のおまわりさんです。名前は知りません。
- 学校からの帰り道の畑でよく見るおじいさんです。野菜を育てています。おじいさんの名前がわからないので，今度会った時に聞いてみます。

4 町で働いている人を探そう。

「友だちの発表を聞いて，町で働く人を思い出した人はいませんか。」
- バスの運転手さんがいました。
- スーパーで働いているおばさんがいます。

「町を歩く時は，今日から働く人を探してみましょう。いろいろな人を見つけられると思いますよ。」

まちで はたらく 人たちに 会いに 行こう

第2時 まちたんけんの計画を立てよう

本時の目標
会ってみたい町で働く人を選び、聞きたいことを考える。

本時の学習にあたって

(解説)
町で働く人の見学の第1回目は、あらかじめ教師の方で見学できる場所を設定し、子どもたち全員で共通に取り組ませたいと思います。それは、見学を通して、何を見るのか、何を聞くのかをつかませるためです。子どもたちにとっては、見学のやり方、インタビューのやり方などを学ぶことになります。

(留意点)
自分たちで見つけた町で働いている人の中から1人を選び、町で働いている人に会う計画を立てます。会いたい人を選ぶ時には、なぜ会いたいのかをはっきりさせることが大切です。会いたい理由が、会う目的になってくるからです。会う目的がはっきりすれば、働いている人に聞きたいことが考えやすくなります。

◇下線部分はたいせつなところです。

1 町で働いている人の中で会いたい人を選ぼう。

「町で働いている人の中で、会いたい人を発表しましょう。」
・パン屋の木村さんに会いたいです。
・畑を耕しているおじいさん（石井さん）です。

「どうして会いたいのですか。」
・パンをつくっているところを見たいから、パン屋の木村さんに会いたい。
・畑を耕している石井さんが何を育てているのかを知りたい。

2 働いている人に聞きたいことは何かな。

「では、みんなで誰に会いに行きたいですか。」
・パン屋の木村さんに会いたい！

「では、みんなでパン屋の木村さんに会いに行くことにします。木村さんに聞きたいことをカードに書きましょう。」

『はたらく 人に 聞いて みよう カード』を配る。

| 板書の留意点 | （聞きたいこと）をすべて書きあげる。 |

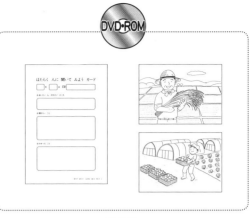

板書例

まちたんけん の けいかく

▶パンやの　木村さん
（聞きたいこと）
・どんな　パンを　つくって　いますか
・おいしい　メロンパンを　つくる　ひみつは？
・１日に　いくつ　ぐらい　パンを　つくるか
・パンは　きかいで　つくるか

準備物
・『はたらく　人に　聞いて　みよう　カード』

3 聞きたいことを発表しよう。

「パン屋の木村さんに聞いてみたいことをカードに書きましょう。」

<u>「木村さんに聞いてみたいことを発表してください。」</u>
　・どんなパンをつくっていますか。
　・おいしいメロンパンをつくるひみつは何ですか。
　・メロンパンのほかにおいしいパンを教えてください。
　・１日にいくつぐらいパンをつくりますか。
　・パンは機械でつくるのですか。

4 働く人に会いに行くときに気をつけることは何かな。

「木村さんに会いに行くときに，気をつけることは何ですか。」
　・きちんと挨拶をする。
　・車に気をつける。
　・みんなと一緒に並んで歩く。
　・騒いだりして，お店の人に迷惑をかけない。

「そうですね。では，カードの『気をつけること』に書いておきましょう。」

まちで　はたらく　人たちに　会いに　行こう

第3・4時 まちではたらく人に会いに行こう

本時の目標
パン屋の木村さんに会い，聞きたいことをインタビューする。

本時の学習にあたって

事前の準備

子どもたち全員を連れて出かける町探検では，安全面の配慮が必要です。子どもたちの意志を尊重しつつ，安全面での配慮を保つために，事前に保護者の協力を呼びかけておくとよいでしょう。また，あらかじめ，町で働く人に連絡を取り，協力をお願いすることを忘れてはなりません。働く人に会う目的，働く人に何を聞きたいのかを伝え，衛生面や安全面で事前に指導しておくことはないかなどを打ち合わせしておきます。

展開

働く人へのインタビューは，仕事の都合から短時間にならざるをえないと思います。子どもたちに聞きたいことをどんどん聞かせるようにしたいので，働く人へのインタビューは教師が司会役になって進めるとよいでしょう。

◇下線部分はたいせつなところです。

1 町で働く人に会いに行くときに気をつけることは何かな。

「今日は何のために探検に行くのですか。」
・働く人に聞きたいことをインタビューをするため。

「そうですね。町で働く木村さんに会いに行くときに気をつけることは何でしたか。」
・車に気をつける。
・みんなと一緒に並んで歩く。
・きちんと挨拶する。
・騒いだりして，お店の人に迷惑をかけない。

2 働く人に挨拶をしょう。

「みんなが知っているパン屋の木村さんです。挨拶をしましょう。」
・こんにちは。

（木村さんに探検の目的を伝えることを指示しておく。）
・ぼくたちは，木村さんにパン屋さんの仕事についてインタビューをするために来ました。よろしくお願いします。

板書の留意点

板書例

パンやの 木村さんに
　　インタビューを しよう

準備物
- 『はたらく 人に 聞いて みよう カード』
- 『インタビュー カード』
- 探検ボード
- 筆記用具

3　働く人にインタビューしよう。

「『はたらく 人に 聞いて みよう カード』を出しましょう。木村さんが話してくれたことは，カードに書いていきます。木村さんに聞きたいことは何ですか。」

◎どんなパンをつくっていますか。
　＊食パン，りんごパンなどいろいろあります。
◎おいしいメロンパンをつくる秘密は何ですか。
　＊発酵とパンを焼く温度に気をつけています。
◎メロンパンの他においしいパンは何ですか。
　＊人気があるのはクリームパンです。

4　インタビューカードを書こう。

（木村さんへのインタビューを終え，学校に戻ってから『インタビュー　カード』を配る。）
「木村さんの姿を絵にかいたり，木村さんにインタビューしたことや気づいたことを，『インタビュー　カード』に書きましょう。」

「次の時間は，『インタビュー　カード』を見ながら，パン屋の木村さんの仕事について勉強します。」

まちで はたらく 人たちに 会いに 行こう

第5時 パン屋の木村さんのしごと

本時の目標
木村さんは，機械を使って，いろいろな種類のパンをつくっていることに気づかせる。

本時の学習にあたって

[解説]
　子どもたち全員が共通に見学する場所として，パン屋を取り上げたのは，仕事がわかりやすいからです。原料である小麦粉から，道具や機械を使って，食べるためのパンをつくりだしていく様子が子どもたちにもはっきりつかめます。しかも，売るために，いろいろなパンを少しずつつくっている様子もひと目でとらえることができます。3年生以降の社会科学習として登場する工場の学習へとつながっていきます。

[展開]
　見学後にまとめた『インタビュー　カード』を見ながら，見学のまとめに取り組みます。まとめは，パンづくりをする木村さんの仕事に焦点を当てます。原料，道具や機械を確認してから，木村さんがなぜ少しずつたくさんの種類のパンをつくっているのかを考えさせることが本時の課題になります。

✧下線部分はたいせつなところです。

1　パン屋さんはどんなところだったかな。

「木村さんが働くパン屋さんは，どんなところでしたか。」
・大きな機械みたいなのがあった。
・働いている人は少なかった。
・パンをたくさんつくっていた。
・ちょっと狭かった。

「パンの原料になるものは何でしょう。」
・小麦粉（強力粉），砂糖，ドライイースト，塩，バターです。

2　パンをつくるのに，どんな機械を使っていたかな。

「木村さんは，パンをつくるのにどんな機械を使っていましたか。」
・ミキサー
・分割丸め機
・発酵室
・オーブン

「ずいぶんいろいろな機械がありましたね。だから少し狭く感じたのです。」

| 板書の留意点 | 原料と製品の間に機械が入るように書く。 |

パンやの　木村さんの　しごと

▶パンの　げんりょう　　　　　　　　　▶できあがり
　こむぎこ　　　　　　　　　　　　　　メロンパン
　ドライ　イースト　　▶きかい　　　　食パン
　しお　　　　　　　・ミキサー　　　　りんごパン
　バター　　　　　　・ぶんかつ　まるめき　クリームパン
　さとう　　　　　　・はっこうしつ　　…
　　　　　　　　　　・オーブン

木村さん「よくうれるように」

パン屋

準備物

・『インタビュー　カード』

3　木村さんに聞いたことを発表しよう。

『インタビュー　カード』を出させる。

「木村さんに聞いたことを発表しましょう。」
・木村さんは、食パン・りんごパンなどいろいろなパンをつくっていました。
・おいしいメロンパンをつくる秘密は、発酵とパンを焼く温度に気をつけているそうです。
・メロンパンのほかに、人気があるのはクリームパンだそうです。

4　どうして，いろいろなパンをつくっているのかな。

「木村さんは，メロンパンだけでなく，食パン・りんごパン・クリームパンなど，いろいろなパンをつくっているのです。パンの種類が多いと仕事がたいへんなのに，どうしていろいろなパンを少しずつつくっていると思いますか。」
・いろいろなパンをつくった方がよく売れるから。
・たくさんつくって売れ残ったら困るから。

「木村さんは，いろいろなことを考えてパンをつくっているのですね。」

まちで　はたらく　人たちに　会いに　行こう

第6時 はたらく人に仕事をおしえてもらおう

本時の目標
町で働く人の仕事の中で，やってみたい仕事を決める。

本時の学習にあたって

解説
前時までの「町で働く人に会いに行こう」から進んで，町で働いている人たちと触れ合い，仕事の話を聞いたり，一緒に仕事をしたりします。働く人たちへの共感をもたせるためです。また，仕事を一緒にやってみることで，働いている人たちの技，努力や工夫などに目を向けさせていくことができます。

事前の準備
働く人と，仕事をしながら触れ合うことになるので，子どもたちが働くことを受け入れてくれる仕事を選んでおきます。その際，安全な仕事であることが第一です。保護者や卒業生などをたどって，あらかじめ，教師の方で働く人を探しておくことが求められます。

展開
今度は，もっと町で働く人に触れ合うために，一緒に仕事をして，進んで仕事の話を聞いてくるように促します。子どもたちには，教師が紹介する町で働く人の仕事の中で，やってみたい仕事を選ばせていきます。

※下線部分はたいせつなところです。

1 どんな人が町で働いていただろう。

「パン屋の木村さんのところへ見学に行った時に，町で働く人に出会った人はいますか。」
・はい。お菓子屋さんで，お店の人が働いていたよ。」
「どんなところで，どんな人が働いていたかを発表してください。」
・幼稚園に先生がいました。
・畑で農家の人が働いています。
・食堂で働いている人もいます。
・パーマ屋さんの人もいます。
・床屋さんもいるよ。

2 こんな人を知っているかな。

「今度は，先生が町で働いている人たちを紹介します。こんな人を知っていますか。また，どんな仕事をしているでしょうか。」
　黒板に貼ってある写真を指しながら，働く人を紹介する。

① 米づくり農家＝田んぼで稲刈りをする。
② 野菜づくり農家＝草取りや野菜の収穫をする。
③ お菓子屋＝店の掃除や商品並べをする。
④ みやげ物屋＝店の掃除や商品並べをする。
⑤ 寿司屋＝店の掃除や魚を切る。寿司を握る。

板書の留意点　8枚のイラストがよく見えるように貼る。

はたらく人に　しごとを　おしえて　もらおう

板書例

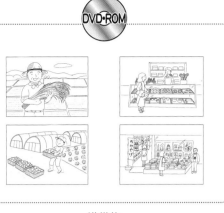

準備物
・町で働く人のイラスト
（① 米づくり農家，② 野菜づくり農家，③ お菓子屋，
④ みやげ物屋，⑤ 寿司屋，⑥ 介護老人ホーム，
⑦ 幼稚園，⑧ 美容室）

3　やってみたい仕事は何かな。

⑥ 介護老人福祉施設＝おじいちゃん・おばあちゃんと話をする。
⑦ 幼稚園＝園児と一緒に遊ぶ。
⑧ 美容室＝タオルたたみや店の掃除をする。

「働く人と一緒に仕事をして，働く人ともっと仲良くなろうと思います。どんな仕事を一緒にするかを聞いてきたので紹介します。」

「先生が紹介した仕事の中で，やってみたい仕事を決めてください。」
・魚を切るのがおもしろそうだから，寿司屋に行きたい。
・自分のいた幼稚園だから行きたい。
・稲刈りに挑戦してみたい。
・ぼくはおじいちゃんがいるので，おじいちゃんと話をしたい。

1つの仕事に4人ぐらいが適当である。

まちで　はたらく　人たちに　会いに　行こう　141

第7・8時 仕事に出かけよう

本時の目標
町で働く人のところに出かけ，仕事を一緒にする。

本時の学習にあたって

事前の準備
事前に働く人から安全面や衛生面で配慮すべきこと，服装やもちものなどを聞いておき，探検場所に応じて指導しておくことが大切です。また，子どもたちが出歩く時の安全を確保するために，事前に保護者の協力を呼びかけておくとよいでしょう。

展開
今回の探検は，全員が同じ場所に出かけるのではないので，グループごとに安全に気をつけながら行くことを十分指導しておくことが大切です。また，探検が終わった後の行動の指示もきちんとしておかなければなりません。仕事の体験を伴うので，お店の人たちの言うことをよく聞いて行動するように指導しておきましょう。

✿下線部分はたいせつなところです。

1 仕事に出かける時に気をつけることは何かな。

「今回の探検は，グループによって行く場所が違います。グループで行く時に気をつけたらよいことは何ですか。」
・車に気をつける。
・グループでまとまって歩く。
・お店の人にきちんと挨拶をする。
・お店の人の言うことを聞く。

「そうですね。では，仕事が終わったらどうするのだったでしょうか。」
・グループで揃って，集まる場所に行く。

2 一緒に仕事をやらせてください。

お店に着いたら，挨拶をして，一緒に仕事をさせてほしいことを伝えるように指示しておく。

次時に行う発表会で使うために，教師は巡回し，仕事をしている子どもの姿をデジタルカメラで撮影しておきたい。

◎米づくり農家
田んぼで稲刈りをしました。40本くらい取りました。稲刈りした後，おもしろいと思いました。

| 板書の留意点 | カードを拡大して黒板に貼る。 |

いっしょに しごとを したよ

○出かける ときに 気を つける こと
- 車に 気を つける
- グループで まとまって あるく
- おみせの 人に きちんと あいさつを する
- おみせの 人の いうことを きく

○しごとが おわったら…
　グループで そろって
　あつまる ばしょに 行く

板書例

準備物
- デジタルカメラ
- 『いっしょに しごとを したよ カード』
- 服装やもちものなど，探検場所に応じて準備する。

3　『いっしょに しごとを したよ カード』を書こう。

◎寿司屋
　魚を切りました。小アジを切りました。小アジはおなかから血が出てきました。
◎幼稚園
　幼稚園の子どもたちが，ぼくらと遊ぼうと言いました。ぼくは，一緒に遊びました。来てよかったです。
◎お菓子屋
　アイスをかごに入れました。ちょっとだけがんばりました。

（学校に戻ってから）
「働く人と一緒に仕事をしてどうでしたか。」
- おもしろかった。
- またやってみたい。

『いっしょに しごとを したよ カード』を配る。

「では，カードの□には，自分がした仕事の絵をかき，その下に仕事をしての感想を書きましょう。」

まちで はたらく 人たちに 会いに 行こう　143

第9時 町ではたらく人の発表会をしよう

本時の目標
一緒に仕事をした町で働く人を紹介し，働く人がどんな仕事をしているかを発表する。

本時の学習にあたって

事前の準備
発表する時には，仕事を体験したところから道具を借りてきたりして，目に見えるものを用意させたいと思います。また，子どもたちが仕事をしている様子がわかる写真をあらかじめ撮影しておき，発表会の時に映して見せるのもよいでしょう。

展開
今回は，一人ひとりに発表させます。子どもたちを4つのグループに分け，発表する場所を教室の4つの隅に設定します。同時に4人が発表します。発表にあたっていない子どもは，好きな場所で発表を聞くことができます。自分が発表する時間になったら，自分の発表する場所に戻って発表させます。

◎下線部分はたいせつなところです。

1 4つの場所で発表しよう。

「4つの場所で，4人が同時に発表を始めます。他の人は聞きたいところで自由に聞いてください。ただし，自分が発表する時には，自分の場所に戻ってください。」

「発表する時には，『いっしょに しごとを したよ カード』を見せながら発表しましょう。」

「では，一人目から発表を始めます。」
発表の始まりの合図，終わりの合図を決めておく。また，子どもたちが仕事をしている写真を渡しておくとよい。

2 エプロンをつけて仕事をしたよ。

◎寿司屋さんで仕事をした子ども
・わたしはお寿司屋さんで仕事をしました。これは仕事をした時につけていたエプロンです。

・わたしがはじめにした仕事はお店の中の掃除でした。ほうきできれいに掃きました。

・これは魚のうろこです。うろこ取りを使って，魚のうろこを取りました。うろこ取りの道具です。

板書の留意点

まちで はたらく 人の はっぴょう会

・4つの ばしょで はっぴょう する。
・聞きたい ところで じゆうに 聞く。
・はっぴょう する時は もどる。

準備物
・『いっしょに しごとを したよ カード』
・子どもたちが仕事をしている写真
・発表する時に使うもの，借りてきたもの

3　ぼくたちが刈り取った稲だよ。

◎米づくり農家で仕事をした子ども

・ぼくは米づくり農家で仕事をしました。稲刈りをしました。稲刈りをするとき，手ぶくろをはめ，鎌をもっていました。

・稲は固くて刈りにくいので，なかなか切れませんでした。苦労しました。

・これは，ぼくたちが刈り取った稲です。おじさんにもらいました。聞いてくれた人に1本ずつあげます。

4　発表を聞いて思ったことは何かな。

「いろいろな仕事をしてきましたね。友だちの発表を聞いて，思ったことを発表してください。」

・魚を触ったら臭くなるのに，がんばってうろこ取りをしてえらいなあ。
・魚のうろこを触らせてもらいました。固いんだね。
・稲を刈るのに力を入れないといけないことがわかった。
・発表を聞いて，稲を1本もらえてうれしかった。

はたらく人の　がんばりを　見つけよう　　全授業時数3時間

［学習にあたって］

　町で働く人たちとのかかわりの中で気づいたことや，自分の心に残った出来事などを，新聞・ポスター・パンフレットなどに表現させます。そして，友だちや地域の人たちに伝えていきます。こうした活動を通して，地域の身近な人びととかかわることの楽しさを実感し，地域の人たちと進んで交流しようとする態度を育てることがねらいです。

　前の単元で働く人と一緒に仕事をしたグループごとに，心に残ったことや気づいたことを自由に出させます。その中から，働く人のすごいところやがんばっているところを選び，『ぼく・わたしが　見つけた　はたらく人の　がんばり　カード』に書き込ませていきます。

　『ぼく・わたしが　見つけた　はたらく人の　がんばり　カード』をもとに，八つ切り画用紙1枚に働く人のがんばりがわかる一枚紙芝居をつくります。町の人に知らせたいと思う働く人のがんばりがわかる場面を選ばせ，大きく絵をかかせます。絵をかいた後は，色ペンまたは絵の具で色をつけるときれいに仕上がります。絵のまわりには，働く人のがんばりがわかるように短いお話をつけます。文字も鉛筆で下書きした後に，マジックで仕上げるときれいに見えるでしょう。

　できあがった一枚紙芝居を，一緒に仕事をさせてもらった働く人に届ける前に，教室で練習します。働く人の前で発表した後に，自分たちの作品に対してどう思ったか，働く人の願いを聞いて来るように指示しておきます。

［単元の目標と評価規準］

【関心・意欲・態度】	・町で働く人たちとのかかわりの中で気づいたことや，自分の心に残った出来事などを，友だちや地域の人たちに伝えようとしている。
【思考・表現】	・一緒に仕事をさせてもらった町で働く人たちに，伝える内容を選び，わかりやすく伝える工夫をして，一枚紙芝居をつくろうとしている。
【気付き】	・町の人に知らせたいと思う働く人のすごいところやがんばっているところに気づく。

[指導計画] 全3時間

次	時	本時の目標	学習活動
はたらく人の　がんばりを見つけよう	1	一緒に仕事をして心に残ったことや気づいたことをもとに，町で働く人のすごいところやがんばりを見つける。	働く人と一緒に仕事をしたグループごとに，心に残ったことや気づいたことを出させる。その中から，働く人のすごいところやがんばっているところを選び，『ぼく・わたしが　見つけたはたらく人の　がんばり　カード』に書く。
はたらく人の　一まいかみしばいをつくろう	2	町で働く人のすごいところやがんばりを一枚紙芝居に表現する。	町の人に知らせたいと思う働く人のがんばりがわかる場面を選び，大きく絵をかかせる。絵をかいた後は，色ペンまたは絵の具で色をつける。絵のまわりには，働く人のがんばりがわかるように短いお話をつける。
一まいかみしばいをとどけよう	3	町で働く人のがんばりをかいた一枚紙芝居を届ける。	できあがった一枚紙芝居を，働く人に届ける。働く人の前で発表した後に，自分たちの作品に対してどう思ったか，働く人の願いを聞いてくる。

第1時 はたらく人のがんばりを見つけよう

本時の目標
一緒に仕事をして心に残ったことや気づいたことをもとに，町で働く人のすごいところやがんばりを見つける。

本時の学習にあたって

展開

働く人と一緒に仕事をしたグループごとに，心に残ったことや気づいたことを自由に出させます。その中から，<u>働く人のすごいところやがんばっているところ</u>を選び，『ぼく・わたしが　見つけた　はたらく人の　がんばり　カード』に書き込ませていきます。

❖下線部分はたいせつなところです。

1 働く人のことで心に残ったことは何かな。

働く人と一緒に仕事をしたグループに分かれる。

「働く人のことで心に残っていることは何ですか。」
・お寿司屋さんでは，お客さんに来てもらえるように，掃除をしてきれいにしていました。
・お寿司屋さんのおじさんは，白いきれいなエプロンをつけて仕事をしていたよ。
・広い田んぼを，1人で稲刈りをして大変そうだった。
・刈った稲は重いので，運ぶのがしんどかった。

2 仕事を一緒にして，気づいたことは何だろう。

「みんなが，仕事を一緒にして，気づいたことは何ですか。」
・お寿司屋さんは，魚のうろこを残さずスイスイ取っていました。
・魚をじょうずに切っていました。
・稲刈りをするとき，農家のおじさんに鎌の使い方を教えてもらった。
・鎌を使って，稲を切っていくのが上手でした。

| 板書の留意点 | 働く人ごとに,働く人のがんばりを書いていく。 |

板書例

はたらく 人の がんばり

〈おすしやさん〉
・うろこを スイスイ とっている
・じょうずに さかなを きる

〈のうかの人〉
・かまで いねを かるのが うまい

準備物
・『ぼく・わたしが 見つけた はたらく人の がんばり カード』

3 働く人のすごいところ,がんばりを発表しよう。

「心に残ったことや,気づいたことの中から,働く人のすごいところやがんばりを発表してください。」

・お寿司屋さんが,魚を切ったり,うろこを取ったりするのをスイスイやっているところがすごいなと思いました。
・農家のおじさんは,稲が固くて刈りにくいのに,上手に鎌を使って,がんばって稲を刈っていました。一人でよくできるなあと思いました。

4 働く人のがんばりをカードに書こう。

『ぼく・わたしが 見つけた はたらく人の がんばり カード』を配る。

「自分が見つけた働く人のすごいところやがんばりをカードに書きます。カードの上の□には,働く人のすごいところやがんばっているところを絵でかきます。下には,働く人のがんばりを見て思ったことを書いていきましょう。」

はたらく人の がんばりを 見つけよう

第2時 はたらく人の一まいかみしばいをつくろう

本時の目標
町で働く人のすごいところやがんばりを一枚紙芝居に表現する。

本時の学習にあたって

展開

前時にかいた『ぼく・わたしが　見つけた　はたらく人の　がんばり　カード』をもとに，八つ切り画用紙1枚に働く人のがんばりがわかる紙芝居をつくります。まず，<u>町の人に知らせたいと思う働く人のがんばりがわかる場面を選ばせ，大きく絵をかかせます</u>。絵をかいた後は，色ペンまたは絵の具で色をつけるときれいに仕上がります。絵のまわりには，働く人のがんばりがわかるように短いお話をつけさせます。文字も鉛筆で下書きした後に，マジックで仕上げるときれいに見えます。

※下線部分はたいせつなところです。

1 一枚紙芝居をつくろう。

『ぼく・わたしが　見つけた　はたらく人の　がんばりカード』を用意させ，前時と同じ働く人と一緒に仕事をしたグループに分かれる。

「これから，働く人のがんばりがわかるような一枚紙芝居をつくります。一枚紙芝居には，絵と短いお話を書きます。これが一枚紙芝居です。」

サンプル用の一枚紙芝居を見せ，お話を読み上げる。

2 働く人のがんばりがわかる絵を大きくかこう。

一人1枚ずつ，八つ切りの画用紙を配る。

「画用紙は，縦でも横でも，どちらを使ってもかまいません。まず，町の人に知ってほしい働く人のがんばりがわかる場面を探してみましょう。」
・魚を切っているところだ。
・稲刈りをしていたところ。

「<u>場面を選んだ人から，鉛筆で画用紙いっぱいに大きな絵をかいていきましょう。</u>」

| 板書の留意点 | 一枚紙芝居のサンプルを拡大して貼る。

はたらく　人の　一まい　かみしばい

準備物
- 『ぼく・わたしが　見つけた　はたらく人の　がんばり　カード』
- サンプル用の一枚紙芝居
- 八つ切り画用紙　・色ペンまたは水彩絵の具
- 細書き用の黒マジック（グループ分だけ）
- 細書き用の色マジック（赤・青・黄・緑など）

板書例

3　色ペンか絵の具で，絵に色をつけよう。

「絵がかけた人は，色ペンまたは絵の具で絵に色をつけていってください。」

　絵に色をつけた子どもからもって来させ，鉛筆でかいた働く人の姿が薄いようであれば，黒の細いマジックで働く人の輪郭をなぞるように指示したい。子どものかいた絵が画用紙から浮かび上がってくるように見える。

4　働く人のがんばりがわかる短いお話しをつけよう。

「絵に色がついたら，働く人のがんばりがわかる題名と短いお話をつくります。鉛筆で画用紙にお話を書いてみましょう。」

　絵の大きさやスペースの広さに合わせて，文字の大きさが違ってくる。鉛筆で下書きしているところで，それぞれ指示をしてやるとよい。

「鉛筆でお話を書いた人は，題名は色マジックで，お話は黒マジックで文字をなぞります。なぞり終えたら完成です。」

はたらく人の　がんばりを　見つけよう

第3時 一まいかみしばいをとどけよう

本時の目標
町で働く人のがんばりをかいた一枚紙芝居を届ける。

本時の学習にあたって

事前の準備

できあがった一枚紙芝居を，働く人に届ける時には，事前に保護者の協力を呼びかけ，安全面の配慮をしておきましょう。あらかじめ，町で働く人に連絡を取り，一枚紙芝居を届けること，子どもたちがつくった作品に対する感想を聞かせていただけるように，協力をお願いすることを忘れてはなりません。

展開

できあがった一枚紙芝居を，働く人に届ける前に，教室で練習しておきます。そして，働く人の前で発表した後に，<u>自分たちの作品に対してどう思ったか，働く人の願いを聞いて来るように指示しておきます</u>。

◇下線部分はたいせつなところです。

1 グループごとに一枚紙芝居を発表しよう。

「これから，できあがった一枚紙芝居を働く人に届けに行きます。その前に，働く人の前で一枚紙芝居を発表する時の練習をします。今から1回だけグループごとに発表し合いましょう。」

発表がどうだったかの感想を出し合うようにしたい。

2 できあがった一枚紙芝居を，働く人に見てもらおう。

働く人のところに着いたら，仕事を一緒にさせてもらったお礼と，今日訪れた目的を話すように指示しておく。

出発する前に，そのグループの中で誰がお礼や訪れた理由を言うのか，また，発表する順番もあらかじめ決めておくとよい。

・この前は仕事を一緒にさせてもらい，ありがとうございました。今日は，仕事を一緒にして気づいた働く人のがんばりを町の人に知ってほしいと思い，一枚紙芝居をつくりました。これから発表をします。聞いてください。

板書の留意点

板書例

一まい かみしばいを とどけよう

・かみしばいの かんそうを きこう
・はたらく 人の ねがいを きこう

準備物
・一枚紙芝居

3　一枚紙芝居の感想を聞いてみよう。

（一枚紙芝居を発表してから）
・ぼくたち，わたしたちがつくった一枚紙芝居を聞いて，どう思いましたか。感想を聞かせてください。

◎みんなが一生懸命つくってくれた一枚紙芝居を聞いて，とってもうれしかったです。

◎みんながつくってくれた一枚紙芝居をお店に貼りたいと思います。ありがとう。

4　働く人の願いを聞いてみよう。

・わたしたちは町の人に働く人のがんばりを知ってほしいと思って，一枚紙芝居をつくりました。おじさんは，どんな願いをもっていますか。

◎おじさんは，この町が好きです。町のみんながたくさんお店に来てくれるとうれしいです。

◎町の人たちがみんな仲良く暮らしていけたらいいなあと思いますね。

はたらく人の　がんばりを　見つけよう

ぼく・わたしの　ものがたり

全授業時数 14 時間

［学習にあたって］

「ぼく・わたしのものがたり」，すなわち自分史を書いた本をつくります。本の構成は，「おなかの中のぼく・わたし」「ぼく・わたしのたんじょう」「1〜2歳のころのぼく・わたし」「3〜4歳のころのぼく・わたし」「5歳のころのぼく・わたし」の5部です。一度に本づくりをするのは大変です。5つのページは，各時間に少しずつ，写真やお家の人への聞きとりカード，お家の人からの手紙などを画用紙に貼らせておくと，本づくりがスムーズに進みます。

授業は自分の体を知ることから始めます。怪我をした時には，体の名前がきちんと言える程度に理解させたいものです。次に，命のはじまりから現在までの成長した姿をたどらせます。

まず，一人ひとりの「命のはじまり」は同じであること，お父さんの精子とお母さんの卵子との奇跡的な出会いから命が生まれていることに気づいてほしいと思います。学級に，単身の保護者や祖父母に育てられている子どもがいる場合は，家庭訪問などで取組のねらいをきちんと伝え，一人ひとりがかけがえのない存在であることを学ぶ授業であることを理解してもらう必要があります。次に，お母さんのお腹の中で，赤ちゃんがどのように成長していくのかを知らせます。また，赤ちゃんが成長するための「おへそ」の役割についても扱います。

学級通信などを通して，出産時の身長・体重，名前の由来を子どもに教えてもらうように保護者に依頼しておきます。また，お腹の中にいたころの様子，誕生した時の家族の人たちの声，誕生後のエピソードや子どもへの願いなどを，わが子に語るように手紙に書いてもらうようにお願いしておきます。

1〜5歳ごろの子どもの様子を話してもらうことも，学級通信などで保護者に依頼しておきます。1〜2歳頃の思い出としては，① 首がすわる，② 寝返りをうつ，③ おすわりができる，④ 高ばいができる，⑤ つかまり立ちができる，⑥ 歩く，などの様子が語られることが多いように思います。3〜5歳頃の様子については，① 保育園・幼稚園でのできごと，② お家での様子，③ 遊び，④ 友だち，⑤ 1〜2歳の頃との違いなどが語られることが多いように思います。自分の成長をたどるエピソードを取り上げ，自分自身で成長を確かめさせたいと思います。

［単元の目標と評価規準］

【関心・意欲・態度】	自分自身の成長に関心をもち，成長を支えてくれたお家の人への感謝の気持ちをもつ。 3年生からの自分自身の成長への願いをもち，意欲的に生活しようとしている。
【思考・表現】	自分自身の成長を振り返り，成長を支えてくれた人たちのことや，これからの自分の成長について考え，素直に表現している。
【気付き】	お家の人たちの支えによって自分が成長したことや，自分でできるようになったことがわかり，自分の成長に気づく。

[指導計画] 全14時間

次	時	本時の目標	学習活動
自分の体をしろう	1	自分の主な体の部位名を知り、言うことができる。	・体の名前、知っているところを書き出す。 ・頭や顔にある名前を知る。 ・体、足、手にある名前を知る。 ・自分の体のことで知りたいことを出し合う。
	2	人の手と指の名前とその働きを、活動を通して知ることができる。	・自分の手を紙の上に置いてかき写す。 ・5本の指の名前を知る。 ・指の役割について考える。 　① 遊び・食事の時の指の使われ方。 　② 勉強・仕事の時の指の使われ方を知る。
ぼく・わたしのたんじょう	3	「命のはじまり」の仕組みを知る。	「命のはじまり」は同じであり、精子と卵子との出会いから命が生まれていることに気づかせる。
	4	お母さんのお腹の中にいた頃の様子を知る。	お母さんのお腹の中で、赤ちゃんがどのように成長していくのかを知らせる。
	5・6	ぼく・わたしが誕生した時のエピソードや願いなどを知り、一人ひとりがかけがえのない存在であることを知る。	出産時の身長と体重、自分の名前の由来を発表させ、お家の人の願いに気づかせる。
1〜5さいのころのぼく・わたし	7・8	1〜2歳の頃の自分の様子を知る。	1〜2歳の頃の思い出の品物を紹介しながら、「遊びについて」「心に残ったこと」を発表する。
	9・10	3〜4歳の頃の自分の様子を知り、1歳と比べて大きくなったことがわかる。	3〜4歳の頃の思い出の品物を紹介しながら、「遊びについて」「心に残ったこと」を発表する。
	11・12	5歳の頃の自分の様子を知り、1〜2歳の頃や3〜4歳の頃の様子と比べて、大きくなったことがわかる。	5歳の頃の思い出の品物を紹介しながら、「遊びについて」「心に残ったこと」を発表する。
ぼく・わたしのものがたり	13・14	ぼく・わたしの誕生から、今の自分に成長するまでの様子をまとめた本をつくる。	本の構成は、「おなかの中のぼく・わたし」「ぼく・わたしのたんじょう」「1〜2歳のころのぼく・わたし」「3〜4歳のころのぼく・わたし」「5歳のころのぼく・わたし」の5つになる。厚紙にぼろ布を貼ってつくった表紙や裏表紙に、できあがったページをつけて仕上げていく。

第1時 自分の体をしろう(1) 自分のからだのことしっているかな

本時の目標
自分の主な体の部位名を知り，言うことができる。

本時の学習にあたって

解説

体の部位名は，生活の中で覚えていくものとはいえ，早く使えるようにさせたいものです。家庭生活や学校生活の中で，子どもは体の不調をよく訴えます。部位名を知っていると早く子どもの不調の原因に気づき，手を打つことができます。学校の養護の先生も子どもたちがあまり自分の体のことを知らないので，いざという時に困ることがあるとおっしゃっています。また，自分の体への関心を高めるためにも，低学年で発達にあった学習と取り組んでいく必要があります。その取組の1つとして行います。

展開

まず，体の知っている部位名から発表させ，子どもの実態を把握する必要があります。幼児語がまだ残る時期でもあり，正確でない幼い言葉でしか知らない子どもも多いと思われます。子どもの関心に沿いながら，最低必要な体の部位名を教えていけばよいと思います。学校の養護の先生とも連携しながら，性教育とのつながりも考慮していきます。最後に，子どもたちの体に関する疑問や質問にも丁寧に対応してあげたいと思います。

◇下線部分はたいせつなところです。

1 体の名前で知っているところを発表しよう。

「自分の体のいろいろなところの名前言えますか。知っていることを出し合いましょう。」
- 顔…髪の毛，目，鼻，耳，口
- 首
- 胸，背中，おしり，おへそ，おっぱい
- 腕
- 手…指，つめ
- 足…指，つめ，足首

2 頭や顔にある名前を知ろう。

「いっぱい出してくれましたね。よく知っている人もいるし，知らない人もいます。保健の先生が言っておられましたが，怪我をしたり，体が痛んだりしたときに，どこがということが言えない人が多いとのことです。名前を知らないこともあると思いますので，これから名前を勉強していきます。初めに頭や顔です。知らない人が多かったのは，こことここです。」
- ぼく知っている。それ眉毛って言うんだよ。
- もう1つは，まつ毛って言うんだよ。

| 板書の留意点 | 子どもたちがスケッチしやすくなるように。|

じぶんの 体を しろう（１）

＝ 体のこと しっているかな ＝

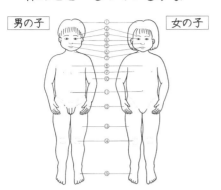

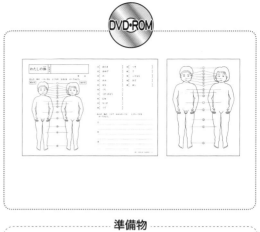

―― 準備物 ――
・人体図

3 体，足，手にある名前を知ろう。

「次は，体や足，手の名前を知ろう。先ほど言えなかった人で，教えてほしいところがあれば言ってください。わかっている人は教えてあげてください。」
・胸の上のごつごつしているところは何ですか。
・それは，あばら骨と言って，骨だよ。
・腕や足の曲がるところは何と言うのですか。
「誰も言えないようですから，先生が答えます。関節と言います。3年生の理科で学習します。」
・手の裏や表にも名前がついているのかな。
・表が手の甲で，裏が手のひらだよ。

4 自分の体のことで知りたいことを出し合おう。

「体のことで，初めて聞いた名前や教えてもらったことがありました。体全体のことで何か知りたいことがありますか。」
・なぜ風邪をひくと，熱が出るのかな。
・朝，朝食を食べて，また昼に食べて，夜に食べるけど，食べものはどこに消えたのかな。
・赤ちゃんの時，お母さんとつながっていたおへそは，今へっこんでいるのはなぜかな。

ぼく・わたしの ものがたり

第2時 自分の体をしろう(2) わたしの手

本時の目標

人の手と指の名前とその働きを活動を通して知ることができる。

本時の学習にあたって

解説

手や指の部位の名前やその働きを作業を通して学習します。人の手はいろいろな機能があり，毎日の生活で大変役立っていることを考えさせたいです。とくに，子どもの身近な遊びの中，食事，勉強などの活動中にどのように手や指が使われているのか体験を交えて考えさせていきたいです。

展開

・指の名前を覚える。（親指，人差し指，中指，薬指，小指。ただし，この名称は俗称で，医学的，解剖学的には別の名称があります。）
・手や指の働きには，「つかむ」「にぎる」「ひねる」「つまむ」「はじく」等々いろいろな機能があります。日常的にも使われることが多い言葉ですので，どのような時に使っているのかを考えさせるのもいいかと思います。

◆下線部分はたいせつなところです。

1 自分の手を紙の上に置いて書き写してみよう。

「今日は，手の勉強をします。まず，自分の手を紙に写し取りましょう。」（鉛筆をもつ手と反対の手を紙の上に指を開いておき，鉛筆で手の輪郭を写し取ります。）

「うまく写し取れましたか。写し取っていて，何か気づいた人はいますか。」
・指の曲がるところが出っ張っているよ。
・親指とほかの指のつき方が違います。
・指が曲がるところが3つあるよ。

2 5本の指の名前を知ろう。

「次に，指の勉強をします。指は何本ありますか。」
・5本あるよ。
「5本の指には名前がついています。名前を言えますか。」
・親指
・小指
「親指の隣の指は，人差し指って言います。人を指で指すときに使うからかな。真ん中の指の名前は。」
・中指って言うんでしょ。真ん中だもの。
「そうですね。最後に，難しいのが中指の隣の指です。名前は,薬指と言います。何でこんな名前がついたのかな。」

| 板書の留意点 | 子どもたちがスケッチしやすくなるように。 |

じぶんの 体を しろう（2）

= わたしの手 =　　　手のやく目

- まわす　・うつ
- つかむ　・ひっぱる
- にぎる　・おす
- ひねる　　：
- はじく
- たたく

―― 準備物 ――
- 手の掛け図
- コマ
- くぎ
- 金槌
- B5 用紙
- 箸

---

3 指の役割について考えよう（1）
遊び・食事の時の指の使われ方

「コマのひもを巻く時、指をどんなふうに使っているかな。」
（全員にコマのひもを巻かせる。）
- 片方の手でコマを押さえ、もう片方の手の親指と人差し指でひもを巻いています。
- 親指と人差し指に力を入れないととうまく巻けません。

「ご飯を食べる時の指はどんなふうに使っていますか。」
- お箸を親指と人差し指の間に入れて、2本の指を動かして食べています。
- 親指と人差し指を上手に使わないとものがつかめません。

4 指の役割について考えよう（2）
勉強・仕事の時の指の使われ方

「鉛筆をもっている時の指の使い方はどうでしょうか。」
- 鉛筆を親指と人差し指で押さえて書いているよ。
- 書くとき、親指と人差し指2本で力を入れて書いています。

「金槌で釘を打っている時はどうでしょうか。」
- 釘は、親指と人差し指でしっかり押さえているよ。
- 金槌は、5本の指を全部使って、しっかり握って打っているよ。

「<u>人の指は、いろいろなことをするのに役立つようにできていることがわかりますね。</u>」

ぼく・わたしの ものがたり　159

第3時 ぼく・わたしのはじまり

本時の目標
命のはじまりの仕組みを知る。

本時の学習にあたって

【解説】
『ぼく・わたしの ものがたり』，すなわち自分史を書いた本をつくるスタートになる授業です。授業を通して，一人ひとりの「命のはじまり」は同じであること，お父さんの精子とお母さんの卵子との奇跡的な出会いから命が生まれていることに気づいてほしいと思います。学級に，単身の保護者や祖父母に育てられている子どもがいる場合は，家庭訪問などで取組のねらいをきちんと伝え，一人ひとりがかけがえのない存在であることを学ぶ授業であることを理解してもらう必要があります。

【展開】
　ぼく・わたしのはじまりを，概念的に取り扱わずに，子どもの目線で学習を進めることが大切です。授業の中では，「精子」「卵子」という言葉を覚えさせる必要はありません。受精前後の写真を提示した時に，説明のために使う用語だからです。

◇下線部分はたいせつなところです。

1 自分の命の始まりはいつかな。

「自分の始まり，命の始まりはいつでしょうか。」
・お母さんのお腹にいる時。
・お腹の中から産まれた時。
・オギャーと泣いた時。

「自分の命のもとって何だろうね。」
・わからない。
・お腹の中にいるので見えないよ。

2 お母さんのもっている命のもとを見てみよう。

「卵子」の写真を黒板に貼る。
「これは，何に見えますか。」
・星みたい。
・きれいだなあ。宇宙みたい。

「これは，お母さんがもっているたまご，みんなの命のもとです。大きさは，これくらい（チョークの先を黒板にちょんとつけた程度）です。お母さんの命のもとのことを卵子と言います。」

| 板書の留意点 | 3枚の写真を大きくして貼る。 |

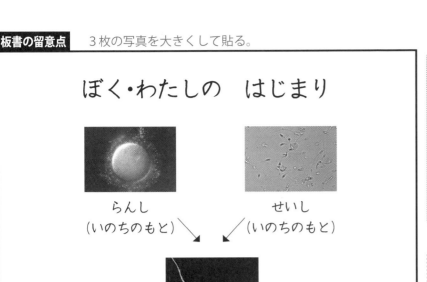

準備物
・精子の写真※
・卵子の写真※　　※インターネットから検索して下さい。
・受精前後の写真※
・仮説実験授業研究会の授業プラン『赤ちゃんの秘密』の資料集より

3　お父さんがもっている命のもとを見てみよう。

「精子」の写真を黒板に貼る。
「これは，何に見えますか。」
　・ごちゃごちゃしている。
　・虫みたいに見える。
　・おたまじゃくしみたい。

「これは，お父さんのもっている命のもとです。たくさんいますね。お母さんの卵子より，もっともっと小さくて，すごくたくさんいます。お父さんの命のもとのことを精子と言います。」

4　精子と卵子がくっつくとどうなるのかな。

「受精前後」の写真を黒板に貼る。
「精子ががんばって，お母さんの卵子に，1匹だけ入ることができます。1匹入ると，卵子のまわりにバリアができるからです。他の精子はみんな死んでしまいます。」
　・かわいそう。どうして精子は卵子のところへ行くの？
「お父さんはお母さんのことが大好きだからだよ。」
「では，今の話を聞いて思ったことを書きましょう。」

　Google等で，「NHK」「受精卵」で検索すると，NHK for schoolの「ヒトの受精」の動画を見ることができます。5年生の内容ですが，イメージはつかめるかと思います。

ぼく・わたしの　ものがたり　　161

第4時 おなかの中のぼく・わたし

本時の目標
お母さんのお腹の中にいた頃の様子を知る。

本時の学習にあたって

解説
前時で，お父さんの精子とお母さんの卵子との奇跡的な出会いから命が生まれていることを知らせました。本時では，お母さんのお腹の中で，赤ちゃんがどのように成長していくのかを知らせます。また，赤ちゃんが成長するための「おへそ」の役割についても扱います。

展開
授業プリントを配り，お母さんのお腹の中で，赤ちゃんがどのように成長していくのかを予想させます。

✧下線部分はたいせつなところです。

1 お母さんのお腹が大きいのはどうしてかな。

お腹の大きなお母さんの写真を黒板に貼る。
「これは，だいきさんのお母さんです。だいきさんのお母さんのお腹が大きいのはどうしてかなあ。」
・赤ちゃんがいるから。
・ぼくの弟が生まれるから。

「そうだね。お母さんのお腹の中で，赤ちゃんが育っているからだよね。お腹の中で，赤ちゃんはどのように大きくなっていくのでしょう。」

2 お腹の中で，赤ちゃんはどのように大きくなるのでしょう。

授業プリントを配る。
「配ったプリントには，お腹の中の赤ちゃんが大きくなっていく様子がかかれています。赤ちゃんが大きくなる順番に番号をつけましょう。」

子どもたちの予想を発表させながら，答え合わせをしていく。

「赤ちゃんがだんだん大きくなっていくのがわかりますね。」

| 板書の留意点 | お母さんのイラストを拡大して貼る。 |

おなかの 中の ぼく・わたし

〈おへそって　なあに〉

・おかあさんと
　つながっている
・おかあさんから
　えいようを　もらう

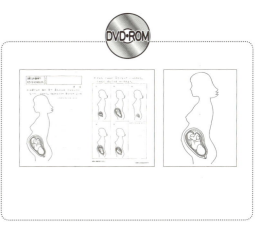

準備物
・出産前のお腹の大きなお母さんのイラスト
・授業プリントを印刷する。
・山田真『おへそって，なあに』
　光村ライブラリー5巻　2002年

3　おへそって，何のためにあるの。

「ところで，体にはおへそがありますね。自分で触ってみましょう。」
　・ここにある。

「おへそって，何のためにあるのでしょう。」
　・別になくてもいいと思う。
　・赤ちゃんの時に，お母さんとつながっているのじゃないかな。
　・何でだろう。

4　お腹の中の赤ちゃんは，どうやって生きているのかな。

　山田真『おへそって，なあに』光村ライブラリー5巻を読み聞かせる。

「お腹の中の赤ちゃんは，どうやって生きているのでしょう。」

「お腹の中で赤ちゃんは，どうやって大きくなるのかな。」

ぼく・わたしの　ものがたり

第5・6時 ぼく・わたしのたんじょう

本時の目標
ぼく・わたしが誕生した時の様子，家族の人たちの声，誕生後のエピソードや願いなどを知り，一人ひとりがかけがえのない存在であることを知る。

本時の学習にあたって

事前の準備
学級通信などを通して，子どもに，出産時の身長・体重，名前の由来を教えてもらうように依頼しておきます。また，お腹にいた頃の様子，誕生した時の家族の人たちの声，誕生後のエピソードや子どもへの願いなどを，わが子に語るように手紙に書いてもらうようにお願いしておきます。

展開
まず，子どもたちが聞きとりをした，出産時の身長と体重を発表させます。どの子も身長・体重がだいたい同じであることに気づくでしょう。そのうえで，自分の名前の由来を発表させていきます。お家の人の願いがつかめていくはずです。そして，お腹にいた頃の様子，誕生した時の家族の人たちの声，誕生後のエピソードや子どもへの願いを，一人ずつ先生が読み聞かせていきます。

⇔下線部分はたいせつなところです。

1 生まれた時の身長と体重は？

『ぼく・わたしが うまれた ときの 聞きとり カード』を用意させる。

「生まれた日，生まれた時の身長と体重を発表しましょう。」
- ぼくは，6月30日に生まれました。身長は45センチで，体重は3000グラムでした。
- 私は，9月3日に生まれました。身長は38センチで，体重は2800グラムでした。

「みんな，身長・体重はあまり変わりません。」

2 名前をつけた理由を発表しよう。

「次に，自分の名前をつけた理由を聞いてきたと思います。発表してください。」
- ぼくの名前は大樹です。大きな樹のように育ってほしいと思ってつけたそうです。
- わたしの名前は桃子です。ももの花のように，かわいらしく育ってほしいと思ってつけたそうです。

| 板書の留意点 | 男の子と女の子を一人ずつ例にして板書する。 |

```
       ぼく・わたしの　たんじょう

  〈うまれた日〉    〈しん長〉      〈たいじゅう〉

   6月30日       45cm         3000グラム
   9月3日        38cm         2800グラム

                         あまり　かわらない

  ▶名前のりゆう
```

準備物
・『ぼく・わたしが　うまれた　ときの　聞きとり　カード』
・お家の人からの手紙

3　ぼく・わたしが生まれた時の話を聞こう。

お家の人に書いてもらった、「お腹にいた頃の様子」「誕生した時の家族の人たちの声」「誕生後のエピソードや子どもへの願い」などが書かれた手紙を、授業の終わりごとに数名ずつ読み上げていく。

聞いている子どもたちは、初めは「今日は誰のだろう」と思っている様子ですが、次第に親の自分たちに対する愛情を感じ取っていくでしょう。

4　お家の人の話を聞いて，思ったことを発表しよう。

「お家の人の話を聞いて，思ったことを書いてみましょう。」

「では，思ったことを発表してください。」
・私の名前には、こんな意味が込められていたんだと思いました。
・ぼくの名前には、おじいちゃんと同じ漢字がつけられているんだって。
・お母さん、ぼくを産んでくれてありがとう。

ぼく・わたしの　ものがたり

第7・8時
1〜2さいのころのぼく・わたし

本時の目標
1〜2歳の頃の自分の様子を知る。

本時の学習にあたって

事前の準備

学級通信などを通して、お家の人たちに、「1〜2歳の頃の子どもの様子を教えてください。」と依頼しておきます。子育てについての思い出は、① 首がすわる、② 寝返りをうつ、③ おすわりができる、④ 高ばいができる、⑤ つかまり立ちができる、⑥ 歩くなど、子どもの成長と重ねて語られることが多いように思います。子どもたちには、①〜⑥ などの質問事項を用意させておくとよいでしょう。また、1〜2歳の頃の写真や使っていた服・遊び道具などがあれば、もち寄らせたいものです。

展開

子どもたちの成長をたどるために、発表したことは模造紙などに書き残しておくことが必要です。「遊びについて」「心に残ったこと」などの小見出しをつけながら、子どもが発表したことを分類していきます。また、発表の時には、1〜2歳の頃の思い出の品物を一緒に紹介させると、楽しくなります。

◇下線部分はたいせつなところです。

1　1〜2歳の頃の様子を発表しよう。

「お家の人から聞いた1〜2歳の頃の自分の様子について発表してください。」
- お母さんがいないと、よく泣いていたそうです。
- 家族みんなで節句のお祝いをしました。
- 何でも口に入れて、モグモグ食べていました。
- よく食べる子でした。
- おばけのテレビ番組を見ても平気でした。
- いつの間にか歩いていました。

2　1〜2歳の頃の思い出の品物を紹介しよう。

「では、1〜2歳の頃の思い出の品物をもってきた人は紹介してください。」
- これは、私が1歳の時に使っていた靴下です。とっても小さいです。
- ぼくが1〜2歳の頃によく遊んでいたミニカーです。
- 私がいつも抱っこしていた犬のぬいぐるみです。

写真をもってきた子はスキャナーで読み込んでデータ化して、大きく映し出すようにしたい。

| 板書の留意点 | お家の人の声を必ず板書する。 |

板書例

１～２さいの　ころの　ぼく・わたし

〈おうちの人〉

- よく　ないていた
- よく　食べる子だった
- いつのまにか　あるいた

- 大きくなるのが　楽しみ
- とても　かわいい

準備物
- 『ぼく・わたしが　１～２さいの　ころの　聞きとり　カード』
- １～２歳の頃の思い出の品物

3　お家の人はどう思ったのかな。

「１～２歳の頃の自分を見て，お家の人はどう思ったでしょうね。」
- 成長するのがとってもうれしかった。
- ぼくが大きくなるのが，とても楽しみだったと言っていました。
- とてもかわいかったそうです。
- 病気にならないか，怪我をしないかとよく心配した。
- 一人で歩いた時には，びっくりした。
- 心に残ることがたくさんあった。

4　友だちの発表を聞いて思ったことを発表しよう。

「友だちの発表を聞いてどう思いましたか。発表してください。」
- １～２歳の頃はとても小さかったんだなあ。
- お家の人は，ぼくが大きくなるのを楽しみにしてくれていたんだなあと思った。
- １～２歳の頃に心に残ることがたくさんあったんだね。

ぼく・わたしの　ものがたり

第9・10時 3～4さいのころのぼく・わたし

本時の目標
3～4歳の頃の自分の様子を知り，1歳の頃と比べて大きくなったことがわかる。

本時の学習にあたって

事前の準備

学級通信などを通して，お家の人たちに，「3～4歳の頃の子どもの様子を教えてください。」と依頼しておきます。子育てについての思い出は，① 保育園・幼稚園でのできごと，② 家での様子，③ 遊び，④ 友だち，⑤ 1～2歳の頃との違いなど，子どもの成長と重ねて語られることが多いように思います。子どもたちには，①～⑤などの質問事項を用意させておくとよいでしょう。また，3～4歳の頃の写真や使っていた服・遊び道具などがあれば，もち寄らせたいものです。

展開

子どもたちの成長をたどるために，発表したことは模造紙などに書き残しておくことが必要です。「遊びについて」「心に残ったこと」などの小見出しをつけながら，子どもが発表したことを分類していきます。また，発表の時には，3～4歳の頃の思い出の品物を一緒に紹介させると，楽しくなります。

◇下線部分はたいせつなところです。

1 3～4歳の頃の様子を，思い出の品物と一緒に発表しよう。

「お家の人から聞いてきた，3～4歳のころの自分の様子について発表してください。また，思い出の品物をもってきた人は，一緒に紹介してください。」
- よくお兄ちゃんの後をついて行ったそうです。この写真は，コマあり自転車に乗っているところです。
- 私はいつもお人形をもって出かけていました。大事にしていたお人形がこれです。

写真をもってきた子はスキャナーで読み込んでデータ化して，大きく映し出すようにしたい。

2 3～4歳の頃の様子をまとめてみましょう。

「3～4歳の頃の様子についてまとめます。同じような発表の仲間を集めて，名前をつけましょう。」
- コマあり自転車は「遊び」の仲間がいいです。
- 「セミをとった」「バッタをつかまえた」は，「むしとり」の仲間にしたい。

「『遊び』の仲間に入るものは他にありませんか。」
- 人形

板書の留意点 黒板に貼る模造紙に書き込んでいく。

板書例

3～4さいの ころの ぼく・わたし

・コマあり自てん車に のっていた
・お人形で あそんで いた

⬇

・成長した
・やんちゃに なった
・お兄ちゃん, お姉ちゃんの顔に

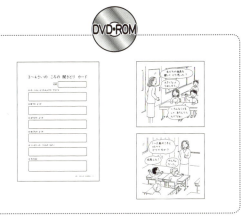

準備物
・『ぼく・わたしが 3～4さいの ころの 聞きとり カード』
・3～4歳の頃の思い出の品物
・模造紙1枚

---

3 友だちの発表を聞いて思ったことを発表しよう。

「友だちの発表を聞いてどう思いましたか。発表してください。」
・いろいろなことをして遊んでいたね。
・大きくなって, うれしいなあ。
・みんな, いい子だなあ。
・もう虫とりをしている子がいるんだね。

---

4 1～2歳の頃と比べて, どう思うかを発表しよう。

「1～2歳の頃と比べて, どう思いますか。」
・ぜんぜん違っている。
・成長したなあ。
・やんちゃだったんだ。
・大きくなるのを楽しみにしてくれていたんだ。
・お兄ちゃん, お姉ちゃんの顔になってきた。

ぼく・わたしの ものがたり

第 11・12 時 5さいのころのぼく・わたし

本時の目標
5歳の頃の自分の様子を知り，1～2歳の頃や3～4歳の頃の様子と比べて，大きくなったことがわかる。

本時の学習にあたって

事前の準備

学級通信などを通して，お家の人たちに，「5歳の頃の子どもの様子を教えてください。」と依頼しておきます。子育てについての思い出は，① 保育園・幼稚園でのできごと，② お家での様子，③ 遊び，④ 友だち，⑤ 1～2歳，3～4歳の頃との違いなど，子どもの成長と重ねて語られることが多いように思います。子どもたちには，①～⑤ などの質問事項を用意させておくとよいでしょう。また，5歳の頃の写真や使っていた服・遊び道具などがあれば，もち寄らせたいものです。

展開

子どもたちの成長をたどるために，発表したことは模造紙などに書き残しておくことが必要です。「遊びについて」「心に残ったこと」などの小見出しをつけながら，子どもが発表したことを分類していきます。また，発表の時には，5歳の頃の思い出の品物を一緒に紹介させると，楽しくなります。

※下線部分はたいせつなところです。

1　5歳の頃の様子を，思い出の品物と一緒に発表しよう。

「お家の人から聞いてきた，5歳の頃の自分の様子について発表してください。また，思い出の品物をもってきた人は，一緒に紹介してください。」
- お兄ちゃんのランドセルを見て，ぼくもほしいとよく言っていました。
- よく自転車に乗って遊んでいました。これは，私が自転車に乗っている時の写真です。

写真をもってきた子はスキャナーで読み込んでデータ化して，大きく映し出すようにしたい。

2　5歳の頃の様子をまとめてみよう。

「5歳の頃の様子についてまとめます。同じような発表の仲間を集めて，名前をつけましょう。」
- ランドセルは「ほしかったもの」にしたらいい。
- 自転車は「遊び」の仲間にしよう。

「『遊び』の仲間に入るものは他にありませんか。」
- ぬいぐるみ
- サッカーボール

| 板書の留意点 | 黒板に貼る模造紙に書き込んでいく。 |

板書例

5さいの　ころの　ぼく・わたし

・ランドセルが　ほしい
・自てん車に　のっていた
　　↓
・友だちと　よく　あそんでいた
・できることが　ふえた
・あぶない

準備物

・『ぼく・わたしが　5さいの　ころの　聞きとり　カード』
・5歳の頃の思い出の品物
・模造紙1枚

---

3 友だちの発表を聞いて思ったことを発表しよう。

「友だちの発表を聞いてどう思いましたか。発表してください。」
　・いっぱい遊んでたね。
　・友だちと遊んで楽しいなあ。
　・やんちゃだったんだなあ。
　・みんなうれしそう。

4 1～2歳の頃や3～4歳の頃と比べて、どう思うかを発表しよう。

「1～2歳の頃や，3～4歳の頃と比べて，どう思いますか。」
　・丈夫になった。
　・危ないことが多くなった。
　・1～2歳の頃にできなかったことができるようになった。
　・3～4歳の頃とも違う。

「みんな，すごく成長しているね。」

ぼく・わたしの　ものがたり

第13・14時 『ぼく・わたしのものがたり』をつくろう

本時の目標
ぼく・わたしの誕生から，今の自分に成長するまでの様子をまとめた本をつくる。

本時の学習にあたって

事前の準備

一度に本づくりをするのは大変です。「おなかの中のぼく・わたし」「ぼく・わたしのたんじょう」「1～2歳のころのぼく・わたし」「3～4歳のころのぼく・わたし」「5歳のころのぼく・わたし」の5つに分けて，各時間に少しずつ，写真やお家の人への聞きとりカード，お家の人からの手紙などを画用紙に貼らせておくと，本づくりがスムーズに進みます。

展開

子どもには，自分の成長がわかる世界で1つしかない本をつくることを知らせ，本をつくることへの意欲を高めます。本の構成は，「おなかの中のぼく・わたし」「ぼく・わたしのたんじょう」「1～2歳のころのぼく・わたし」「3～4歳のころのぼく・わたし」「5歳のころのぼく・わたし」の5つになることを知らせ，各ページをつくっていきます。また，厚紙にぼろ布を貼ってつくった表紙や裏表紙に，できあがったページをつけて仕上げていきます。

♦下線部分はたいせつなところです。

1 世界に1つしかないぼく・わたしの本をつくろう。

「今まで自分の成長のことを調べて，たくさんのことを学びましたね。これまでに学んだことを本にまとめようと思います。自分の成長がわかる世界で1つしかない本をつくりましょう。」

「では，今までにつくってきたページを，『おなかの中のぼく・わたし』『ぼく・わたしのたんじょう』『1～2歳のころのぼく・わたし』『3～4歳のころのぼく・わたし』『5歳のころのぼく・わたし』の順番に並べてください。」

2 『ぼく・わたしの　ものがたりの　つくり方』

① 表紙をつくる

（1）広げた布の上に，大きな厚紙と長細い厚紙を，黒板のように並べる。

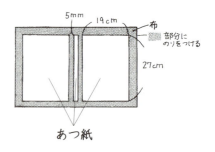

（2）布のすべての端にのりをつけ，端を折り返し厚紙に貼る。

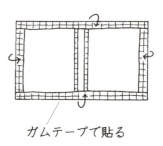

| 板書の留意点 | つくり方の図は大きく示す。 |

板書例

「ぼく・わたしの ものがたり」を つくろう

①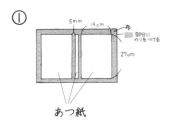
あつ紙

②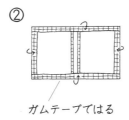
ガムテープではる

☆だい名と「作・自分の名前」をかく

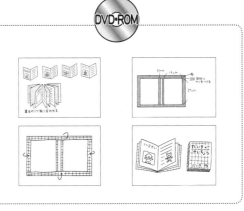

準備物
・八つ切りの白い画用紙
・厚紙（27cm×38cm）2枚
・厚紙（1cm×38cm）1枚
・布（63cm×46cm）1枚
・はさみ　・スティックのり　・布のガムテープ

---

② 中身をつくる

並べたページどうしを，図のように貼る。

裏をのりで貼り合わせる

③ 完成

表紙と中身をのりで貼りつけ，完成。

3　表紙と裏表紙にページをくっつけよう。

「次に，表紙と裏表紙の画用紙にのりをつけて，厚紙とくっつけます。」

「厚紙に貼った表紙と自分たちでつくったページを貼り合わせます。同じように，裏表紙とページの最後も貼り合わせます。」

「最後に，表紙のところに本の題名を書きましょう。表紙の下の方には，作・○○○○と自分の名前を入れます。これで完成です。」

ぼく・わたしの　ものがたり

著者紹介

園部 勝章

元奈良教育大学附属小学校　副校長
元奈良教育大学　非常勤講師
元橘大学　非常勤講師
元同志社女子大学　非常勤講師
元京都教育大学附属桃山小学校　非常勤講師
元和歌山大学附属小学校　非常勤講師
科学教育研究協議会会員
現奈良佐保短期大学　特任教授

主な著書
「小学校・中学校の理科教育の実態『小学校の理科教育―指導内容削減で教科書は『絵本』のようー』」(日本科学者会議)
「ふしぎを科学しよう　宇宙に果てはあるの？」監修／池内 了（かもがわ出版）
「全授業の板書例と展開がわかる　ＤＶＤからすぐ使える　映像で見せられる　まるごと授業　理科」(喜楽研)
「全授業のイラストで活動がわかる　ＤＶＤからすぐ使える　映像で見せられる　まるごと授業　生活[1]」(喜楽研)

平田 庄三郎

元京都府公立小学校　教諭
元同志社小学校　非常勤講師（理科専科）
元科学教員研究協議会京都支部支部長
乙訓理科サークル会員

主な著書
「改訂版まるごと理科　3年～6年」(喜楽研)
「おもしろ実験・ものづくり事典」(東京書籍)
「全授業の板書例と展開がわかる　ＤＶＤからすぐ使える　映像で見せられる　まるごと授業　理科」3年～6年 (喜楽研)
まるごと生活科 (喜楽研)
子どもに身近な生活科「小学1年生」(フォーラムＡ)
科学の目を育てる生活科 (法政出版)
「全授業のイラストで活動がわかる　ＤＶＤからすぐ使える　映像で見せられる　まるごと授業　生活[1]」(喜楽研)

倉持 祐二

元奈良教育大学附属小学校　教諭
歴史教育者協議会　会員
日本社会科教育学会　会員
現京都橘大学人間発達学部児童教育学科　教授

主な著書
「自立する学び」奈良教育大学附属小学校編（かもがわ出版）
「明日の授業に使える　小学校生活科　1年生」(大月書店)
「明日の授業に使える　小学校生活科　2年生」(大月書店)
「社会科授業大全集」3・4年上下・5年・6年①② (喜楽研)
「社会認識を育てる教材・教具と社会科の授業づくり」(三学出版)
「全授業のイラストで活動がわかる　ＤＶＤからすぐ使える　映像で見せられる　まるごと授業　生活[1]」(喜楽研)

参考文献

まるごと生活科〔1〕〔2〕　2004年　平田庄三郎（喜楽研）
教科書　生活科（東京書籍）
指導書　生活科（東京書籍）
家庭の園芸　1991　江尻光一（株式会社エム・エー・シー）
畑の達人　麻生 健　2011（万来社）
「生活科」をのりこえる授業　東京民研編　1987（あゆみ出版）
ポケット版　学研の図鑑①昆虫　2010　佐藤幹夫（学研）
改訂版むし　阪口浩平　1983（ひかりのくに）
山渓カラー名鑑　日本の野草　2004　林 弥栄（山と渓谷社）
山渓カラー名鑑　日本の樹木　1990　林 弥栄（山と渓谷社）
科学のアルバム　サクラの一年　矢島 稔　1986（あかね書房）
科学のアルバム　モンシロチョウ　守矢 登　1986（あかね書房）
科学のアルバム　アゲハチョウ　本藤 昇　1986（あかね書房）
科学のアルバム　カエルのたんじょう　種村ひろし　1986（あかね書房）
生活科　園部勝章　1990　奈良教育大学教育工学センター研究報告
生活科の実践　園部勝章　1991　奈良教育大学教育工学センター研究報告

喜楽研のDVDつき授業シリーズ

全授業のイラストで活動がわかる DVD からすぐ使える 映像で見せられる

まるごと授業 生活 [2]

２０１５年５月２日　　第１刷発行
２０１９年９月１０日　　第２刷発行

著　　者　：園部 勝章・平田 庄三郎・倉持 祐二
イラスト　：山口 亜耶
企画・編集：原田 善造
編集・DVD 制作協力者：平野 瑞貴　永易 秀登

発行者：岸本 なおこ
発行所：喜楽研（わかる喜び学ぶ楽しさを創造する教育研究所）
　　　　〒604-0827 京都府京都市中京区高倉通二条下ル瓦町543-1
　　　　TEL　075-213-7701　FAX　075-213-7706
印　　刷：株式会社イチダ写真製版

ISBN978-4-86277-169-8　　　　　　　　　　　　　　　　　　　　Printed in Japan